# 中国有轨电车技术论丛

## 编　委　会

国家科技支撑计划项目系列成果
中国有轨电车技术论丛

# 有轨电车工程建设与管理

Yougui Dianche Gongcheng Jianshe Yu Guanli

徐　军　王庆国　主编
李　英　主审

中国铁道出版社有限公司

2024年·北　京

## 内 容 简 介

本书为国家科技支撑计划项目系列成果、中国有轨电车技术论丛之一，依托上海市松江区第一条钢轮钢轨有轨电车示范线的工程实践，从建设与管理的视角出发，以工程各阶段开展的先后顺序为轴线，剖析了工程建设与管理过程中的问题及解决办法，总结了有轨电车全生命周期建设与管理的经验。全书共分十二章，系统论述了松江有轨电车项目的建设模式，以及计划、行政许可、设计、投资控制、工程前期、土建工程、机电工程、车辆基地/停车场工程、联调联试与运营筹备、质量安全、验收移交等方面的管理。

本书内容丰富，包含大量工程建设与管理过程中的案例、图片，可作为从事轨道交通工程(尤其是有轨电车工程)建设、运营、管理等领域相关人员的参考书。

**图书在版编目(CIP)数据**

有轨电车工程建设与管理 / 徐军，王庆国主编．北京 ：中国铁道出版社有限公司，2024．12．--(中国有轨电车技术论丛)．-- ISBN 978-7-113-31588-7

Ⅰ．U482.1

中国国家版本馆 CIP 数据核字第 2024QD3499 号

**书　　名：** 有轨电车工程建设与管理
**作　　者：** 徐　军　王庆国

**策　　划：** 金　锋　　**电话：**(010) 51873125　　**电子信箱：** 13001939241@163.com
**责任编辑：** 李中宝
**封面设计：** 崔丽芳
**责任校对：** 苗　丹
**责任印制：** 樊启鹏

**出版发行：** 中国铁道出版社有限公司(100054，北京市西城区右安门西街 8 号)
**网　　址：** https：//www.tdpress.com
**印　　刷：** 北京盛通印刷股份有限公司
**版　　次：** 2024 年 12 月第 1 版　2024 年 12 月第 1 次印刷
**开　　本：** 787 mm×1 092 mm　1/16　**印张：** 10　**字数：** 230 千
**书　　号：** ISBN 978-7-113-31588-7
**定　　价：** 52.00 元

# 序

PREFACE

有轨电车是一种中运量的城市公共交通系统，具有运量适中、运行舒适、能耗低、投资少、运营灵活等特点，并且体现了路权共享、成本节约、贴近生活的发展理念，在世界各国得以广泛运用，已成为当今城市公共交通系统的重要组成部分。目前世界各座城市运行的有轨电车，无论是车辆的结构形式、技术内涵，还是运行系统，均比早期的有轨电车有了相当大的提高和改善，可以说城市有轨电车系统已经进入了一个崭新的发展阶段。

我国的城市化进程有力地推动了有轨电车系统在我国城市中的快速发展。2012 年底，国务院发布了《关于城市优先发展公共交通的指导意见》(国发〔2012〕64 号)，鼓励发展快速公共汽车、城市有轨电车等中大容量地面公共交通系统。目前中国(统计数据未包括台湾省)已有 15 座城市开通运营了有轨电车线路，运营里程约 282 km；有 20 多座城市正在建设的有轨电车线路长度合计超过 500 km；另据其他省市的不完全统计，有 90 多座城市计划建设有轨电车系统，规划建设里程超过 10 000 km。

尽管有轨电车的运用在我国已经有 100 多年的历史，但将有轨电车作为一种新型的城市轨道交通模式，应该说在我国还处于初始阶段。由于我国有轨电车的发展迅猛，伴随而来的是一些基础性的工作未能同步跟上，如有轨电车的行业标准和国家标准体系尚未建立和完善，有轨电车的线路设计、运行模式、路权优先、车辆结构、供电形式等问题亦需要开展研究和完善。因此，根据我国有轨电车快速发展的形势要求，迫切需要从规划、设计、建设、运营、相关政策、行业标准及技术装备等方面开展基础性研究和普及工作，这也正是编写“中国有轨电车技术论丛”的基本出发点之一。

为了适应我国当前大规模发展有轨电车的新形势，促进有轨电车的健康有序发展，2016 年 5 月上海交通运输行业协会成立了现代有轨电车(中运量交通)专业委员会，指导和协调有轨电车在上海的发展。专业委员会以上海为基地，成员包括有轨电车行业内规划设计、建设施工、设备生产、检验检测、运营管理、科研培训以及投融资分析等各个领域的企业和科研院校。2016 年 12 月在专业委员会组织指导下，依托上海松江有轨电车的工程建设，由上海轨道交通检测技术公司(SRCC)在其承担的国家“十二五”科技支撑项目“城轨列车互操作综合检测与认证一体化平台”的任务框架内组织实施编写了这套“中国有轨电车技术论丛”。

“中国有轨电车技术论丛”系统地介绍了我国有轨电车的发展、有轨电车的技术现状和建设成果，总结了协会各成员单位在我国有轨电车前期实践中得到的经验和体会。丛书内容涵盖有轨电车系统的基本概论、工程规划与设计、路基工程、轨道结构、运行控制系统、车辆系统、牵引供电系统、工程建设与管理、运营组织和安全策略与评价共10个方面内容。

《有轨电车概论》介绍有轨电车在公共交通系统中的功能定位、特点、适用范围、发展历程及有轨电车技术概述；《有轨电车规划与设计》介绍有轨电车的线路选线、线路规划与工程设计方面的内容；《有轨电车路基工程》介绍不同形式有轨电车的路基设计、施工和技术要求；《有轨电车轨道结构》介绍不同轨道结构形式的设计、施工、养护模式等；《有轨电车运行控制系统》介绍有轨电车的运行控制及与常规地面交通的信号联动控制等；《有轨电车车辆》介绍有轨电车车辆的基本组成及不同类型车辆的技术特点；《有轨电车牵引供电系统》介绍有轨电车的牵引供电形式及不同形式的供电技术特点；《有轨电车工程建设与管理》依托上海松江有轨电车的建设实例，介绍有轨电车建设中的工程管理特点、难点和重点；《有轨电车运营组织》介绍目前有轨电车运营组织的形式、特点及具体的组织策略和方法；《有轨电车安全策略与评估》论述了有轨电车运营后的安全保障、控制策略以及运营整体安全情况的评价。期望丛书的出版能够对从事有轨电车系统设计、制造、运营、维护的企业专业技术人员有所借鉴和参考，并且也能对一般读者做一些有轨电车的知识普及。

“中国有轨电车技术论丛”的编写得到了上海市交通运输行业协会现代有轨电车(中运量交通)专业委员会、同济大学、上海市城市建设设计研究总院(集团)有限公司、上海隧道工程轨道交通设计研究院、上海申通地铁集团有限公司、上海松江有轨电车投资运营有限公司、上海富欣智能交通控制有限公司、上海轨道交通检测技术有限公司、上海轨道交通设备发展有限公司和上海工程技术大学的大力支持，中国铁道出版社为丛书的出版发行给予了积极有效的支持和帮助。在此向上述各单位表示衷心的感谢！在丛书编写、发行的整个过程中，还得到了中国城市轨道交通协会、《城市轨道交通研究》杂志社等单位的大力支持，在此一并表示感谢！

有轨电车是我国大城市轨道交通系统的一个重要组成部分，也有望成为我国广大中小城市的骨干公共交通系统。有轨电车系统的发展前景十分广阔，期望“中国有轨电车技术论丛”能够为中国有轨电车的发展做一些有益的铺垫。

**“中国有轨电车技术论丛”编委会**

**2017年10月**

# 前言

FOREWORD

作为一种城市轨道交通方式，有轨电车以高效节能、绿色环保、中等运量等独特的优势，在全国范围内建设运营并逐步被推广。在有轨电车建设期的计划、设计、施工、验收等不同阶段，存在着诸多需要重点关注和应对的问题，如轨道结构选型怎样更为合理，轨道工程与周边交通环境、现有技术是否匹配，轨道工程与其他专业间的接口设计是否合理，工程施工质量如何保证，施工现场各施工专业间如何协调配合，工程施工进度如何管控，中间过程验收质量如何加强，对轨道工程如何进行全方位验收等。提升有轨电车在规划设计、施工建设、运维管理等方面的技术水平与综合能力，更好地开展有轨电车工程建设与管理，确保有轨电车工程建设质量，意义重大。

为支撑和引导上海城镇体系的优化并带动重要地区集聚发展，完善以多模式轨道交通为主导的公交优先战略，《上海市城市总体规划(2017—2035)》规划：形成“一张网、多模式、全覆盖、高集约”的公交网络，建成各 1 000 km 以上的城际线、市区线、局域线，提供因地制宜的公共交通服务。为此，《上海市松江区总体规划(2017—2035)》提出，松江区对外以轨道市域线、市区线为主体，内部以局域线(现代有轨电车)为骨干、常规公交车为基础，形成内外客运交通紧密衔接、功能互补、有机衔接、多元一体的公共交通体系。

松江区从 2012 年底起开始研究规划城市中运量骨干交通，2014 年 5 月 9 日，上海市政府批准《松江区现代有轨电车网络规划(2013—2020 年)》，规划 6 条有轨电车线路，总长约 90 km，设站 118 座，与轨道交通换乘站 8 座。2014 年，松江区正式启动了有轨电车示范线的建设。

松江有轨电车是上海第一个成网络的有轨电车系统，2019 年 12 月松江有轨电车已全线投入运营。作为中运量公共交通工具，有轨电车客运量介于地铁和普通公交之间。松江有轨电车连接松江新老城区居民区和重要商圈，可与上海轨道交通 9 号线、金山铁路实现换乘，可以说是区域性的骨干公共交通系统。

同时，有轨电车在建设和运营中存在的一些问题也不容回避，如工程前期工作量巨大(尤其是管线迁改)、采用专用路权还是混合路权、杂散电流较地铁更突出、接触网影响城市景观、有轨电车与其他交通工具的事故等，都需要一代接着一代的工程技术人员不懈奋斗去解决。

本书依托上海市松江区第一条钢轮钢轨有轨电车示范线的工程实践，从建设与管理的视角出发，以工程各阶段开展的先后顺序为轴线，搜集了大量工程建设与管理过程中的案例、图片，剖析了工程建设与管理过程中的问题及解决办法，总结了有轨电车全生命周期建设与管理的经验。

本书由上海松江有轨电车投资运营有限公司董事长徐军和上海黄浦江大桥建设有限公司总经理王庆国主编。主要编写人员有上海黄浦江大桥建设有限公司的徐永光、张军、高芳、刘近朱、吕宏亮、王海波、刘新创、姜毅、郑亮、陈菲菲、沈祥，上海松江有轨电车投资运营有限公司的沈健、沈家林、陈晓锋、金锋钢。全书由上海市隧道工程轨道交通设计研究院教授级高级工程师李英主审，上海市隧道工程轨道交通设计研究院教授级高级工程师张苹以及高级工程师黄巍、李娜、周建军、李雪峰、许大光、宋优才、宋贤林、施宇豪、李嘉旻等参加了审稿工作。

同济大学铁道与城市轨道交通研究院的专家学者以及松江有轨电车工程各参建单位的项目负责人在本书的编写过程中也给予了大力支持与指导，在此表示感谢。

在本书编写过程中，参考了国内外专家、学者的著作和文献，在此谨向有关专家、学者表示诚挚的谢意。

本书的出版得到了中国铁道出版社有限公司、上海市交通运输行业协会现代有轨电车（中运量交通）专业委员会、上海轨道交通检测技术有限公司等单位的支持，在此一并表示感谢。

希望本书的出版，能为松江后续有轨电车项目乃至上海市和其他城市或地区的有轨电车项目的建设与管理，提供有益的参考与借鉴。

因时间仓促及作者水平有限，书中不足之处在所难免，欢迎广大读者朋友批评指正。

徐　军　王庆国

2024 年 3 月

# 目 录

CONTENTS

# 1 上海松江有轨电车示范线工程概述

## 1.1 建设背景

松江区位于上海西南，全区总面积为 604.5 $km^2$，现状建设用地约 258 $km^2$（其中规划集中建设区内现状城镇建设用地 149.3$km^2$）。松江区内工业用地主要集中于区中东部和东北部，居住用地集中于中心城区、九亭、新桥和泗泾镇。松江新城是上海近年来重点发展的新城，经过十多年的发展，松江新城已成为上海郊区新城中规模能级最高、人口数量最大、经济实力最强的新城之一。

随着松江区社会经济的不断发展，城市交通压力日益增大，对松江新城的城市交通提出了新的要求。当时松江新城尚未有内部独立的综合交通系统，特别是骨干型公共交通系统尚有欠缺。在着力提升郊区新城吸引力的背景下，需要构建多层次的公共交通系统结构，弥补公共交通系统结构性缺失，提升公共交通服务水平。有轨电车作为一种新型绿色的公共交通方式，具有节能环保、舒适安全、运营灵活、成本适宜的特征，特别适用于特大城市轨道交通的延伸或补充以及类似松江新城等郊区新城、卫星城内的骨干公共交通模式，具有良好的发展前景。

为破解松江新城交通发展现实问题，在上海市委、市政府及各委办局的大力支持帮助下，松江区从 2012 年底开始研究规划城市中运量骨干交通，并于 2013 年 3 月正式委托上海市规划设计研究院编制全区有轨电车网络规划。按照 2014 年 5 月 9 日获市政府批准的《松江区现代有轨电车网络规划（2013—2020 年）》（沪府规〔2014〕75 号），松江有轨电车网络规划共 6 条线路，总长约 90 km，设站 118 座，与轨道交通换乘站 8 座，车辆基地规划“一段四场”，即辰塔路车辆基地（辰塔路车辆段）、大学城停车场、中春路停车场、北松路停车场和新桥停车场。其中大学城停车场设指挥中心一座；同时，网络规划考虑以客流为基础，遵循“形成一定规模，形态成网互通”的选线原则，选择线网中规划较为稳定、客流效益好、示范性强、实施难度较小并能形成一定规模发挥网络运营效益的 T1、T2 两条线路作为示范线。图 1.1 为松江有轨电车线网规划及车辆基地布局图。

## 1.2 项目概况

松江有轨电车示范线由 T1、T2 两条线路组成，总长约 31.26 km，共设 47 座车站。T1 线贯穿松江老城，并向东延伸至松江工业区及新桥镇。线路长 15.6 km，设 24 座车站。T2 线串联了松江老城、松江新城、大学城以及松江工业区，正线线路长约 15.12 km，大学城支线长约 0.54 km,共设 23 座车站。图 1.2 为松江有轨电车示范线 T1、T2 线路走向示意。

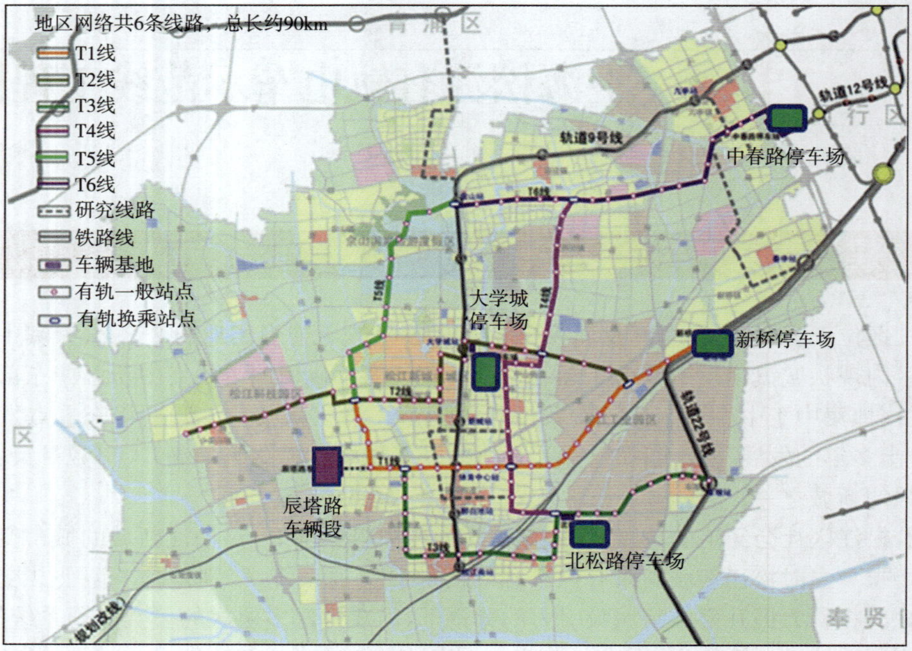


图 1.1 松江有轨电车线网规划及车辆基地布局示意图

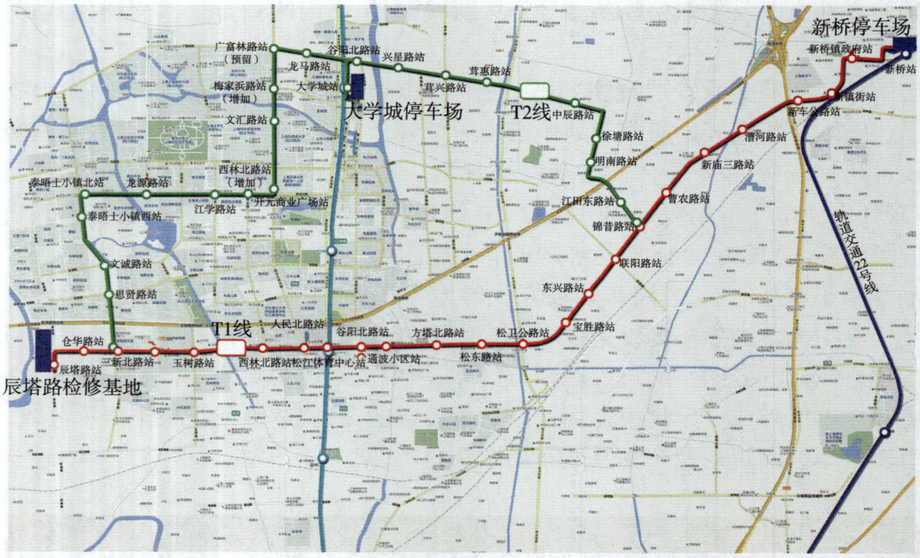


图 1.2 松江有轨电车示范线 T1、T2 线路走向示意图

两条线的正线基本采用路中敷设方式。全线设 4 座电源开闭所，19 座牵引变电所(1 座与电源开闭所合设)。示范线设车辆基地一段两场，即辰塔路车辆基地、大学城停车场和新

桥停车场。辰塔路车辆基地位于辰塔路以西、油墩港以东、G60 沪昆高速公路以南以及乐都路以北合围的地块内，占地约 11 $hm^2$；大学城停车场位于嘉松南路东、广富林路南、谷阳北路西、梅家浜路北，占地约 3.3 $hm^2$；新桥停车场位于新桥站北侧新育路以东、六磊塘以南地块，占地约 2.0 $hm^2$（含公交枢纽配套用地约 1.05 $hm^2$）。

图 1.3 和图 1.4 分别为 T1、T2 线的典型车站，图 1.5 为整装待发的车辆，图 1.6 为人民北路绿化铺装段鸟瞰图，图 1.7 为大学城停车场鸟瞰图。

图 1.3　T1 线仓华路站

图 1.4　T2 线文汇路站

图 1.5　整装待发的车辆

图 1.6　人民北路绿化铺装段鸟瞰

图 1.7　大学城停车场鸟瞰

## 1.3 项目建设模式

松江有轨电车示范线项目经过市、区两级政府确定实施后，松江区政府明确由松江城通公司作为建设单位，注册成立上海松江有轨电车投资运营有限公司作为项目法人。由于有轨电车项目是市政项目与轨道交通项目的结合体，涉及专业较多，专业性较强，因此，松江区政府与上海申通地铁集团进行战略合作，由上海松江有轨电车投资运营有限公司与上海申通地铁集团直属单位——上海黄浦江大桥建设有限公司合署办公，对松江有轨电车示范线项目进行建设管理。

1. 组织架构

有轨电车是市政项目与轨道交通结合体，只有掌握了市政项目及轨道交通工程建设管理的要则，有轨电车的建设管理方可迎刃而解。建设方从行政许可、设计管理、投资管理、工程前期、土建工程、机电工程、场站工程、联调联试、质量安全、文明施工、验收移交、关键技术等多方面考虑开展了组织架构构建工作。图 1.8 为松江有轨电车示范线建设单位组织架构图。

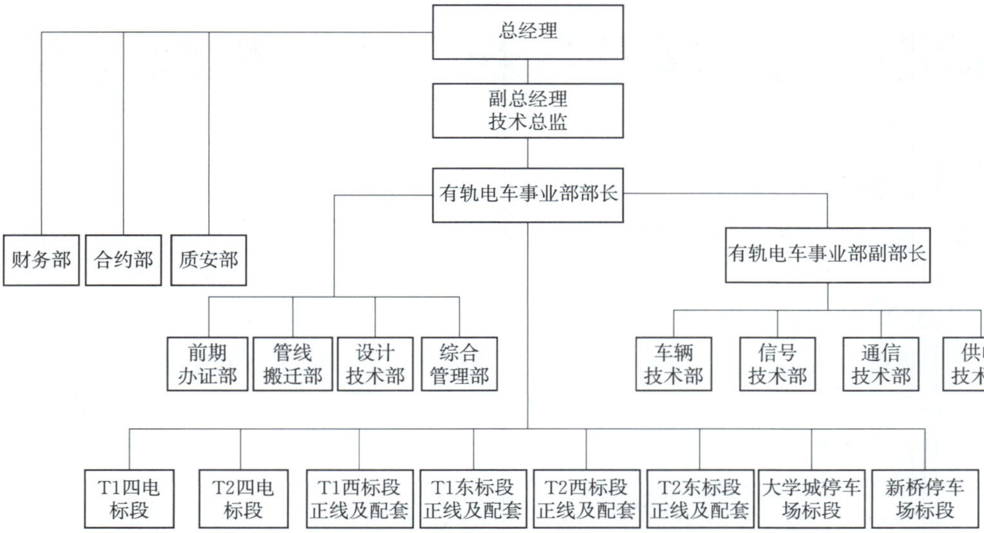


图 1.8 松江有轨电车示范线建设单位组织架构

2. 岗位与人员配置

松江有轨电车示范线建设岗位与人员配置见表 1.1。

表 1.1 松江有轨电车示范线建设岗位与人员配置表

| 岗 位 | 人数(人) | 分 工 |
|---|---|---|
| 有轨电车项目总经理 | 1 | 全面负责 |
| 有轨电车项目常务副总经理 | 1 | 负责工程生产工作 |
| 有轨电车技术总监 | 2 | 分别负责土建技术及四电技术 |
| 有轨电车事业部长(副部长) | 2 | 分别协调土建及四电相关工作 |

续上表

| 岗位 | | 人数(人) | 分工 |
|---|---|---|---|
| 技术前期 | | 4 | 设计方案审核、证照办理及征地拆迁事宜 |
| 工程前期 | | 2 | 全面负责两条线路管线搬迁工作 |
| T1线 | 土建(含轨道) | 3 | 分2个标段,土建工程师2人负责土建,轨道工程师1人负责轨道工程 |
| T2线 | 土建(含轨道) | 3 | 分2个标段,土建工程师2人负责土建,轨道工程师1人负责轨道工程 |
| T1线/T2线 | 四电 | 4 | 按照四电专业统一管理两条线路 |
| 停车场 | | 1 | 四电专业及工艺设备设备工程师配合 |
| 车辆 | | 2 | 专业负责人一正一副2人,监造人员若干,根据专业阶段性轮换 |
| 合约法规 | | 3 | 验工计价及招投标、合同管理 |
| 总计 | | 28 | |

## 1.4 项目策划

1. 项目特点、难点分析

松江有轨电车线路设计施工受高速公路、铁路影响大,文明施工要求高、社会风险大,交通组织难,与轨道交通关系复杂,管线迁改难度大,存在相关系统联调联试的不确定性及不可预见的其他问题。

2. 管理总体思路

针对上述项目的特点、难点,建设方管理重心前移,自初步设计阶段开始,着重在有效控制投资、前期及横向相关手续办理、交通组织、管线迁改、地铁安全运营保护及保护区施工、重点部位专项设计方案及施工方案编制与报审、与横向大中修项目加强沟通协作、“四电”施工以及联调联试等方面进行重点管理。

为有效使项目整体自始至终处于受控状态,从初步设计阶段开始,即加强、加深各项管理。邀请多位专家召开专项评审会进行评审,从而使初步设计方案既具有纲领性、指导性,又有细致性,有效地控制设计、施工方案;确保设计、施工方案合理、可操作性强,项目投资控制在限额内。

松江有轨电车示范线项目全线有三处穿越高速公路和铁路等重要节点,分别为T1线民益路穿越G15沈海高速、沪杭铁路、轨交22号线及闵申路跨线桥段,T2线三新北路下穿G60高速段,T2线上跨G60沪昆高速段。针对以上节点,建设方制定了专项管理方案,从设计、施工、与高速公路及铁路部门协调等三方面提前介入进行有效管理,确保施工的安全及进度可控。

合理安排好全线各路段交通组织方案是保障项目顺利开展的重点。本项目交通组织需分阶段实施,重点考虑项目各阶段实施过程中对社会交通的引流、分流措施,以及行人的引导与组织；与施工工序相结合，在交叉施工过程中做好各阶段交通组织的衔接，充分考虑施工质量问题，确保满足各方相关要求。

管线迁改工作对工程项目来讲，历来是重中之重。由于示范线贯穿松江新城、老城主要干道，沿线有大量公用管线，项目实施过程中管线迁改、保护必须与设计方案、施工方案相结合，考虑细致周全，既要降低迁改成本，又要有序推进迁改进度。

地铁安全运营保护及保护区施工方案是本项目建设管控的重点。轨道交通9号线是上海市区与松江地区交通联系的重要交通命脉之一，其保障着松江区大量居民每日往来市区的交通。在项目实施过程中，涉及有轨电车与轨道交通9号线松江大学城站站点换乘段的改造以及在荣乐路9号线盾构区间上方的施工，在有轨电车项目实施过程中，必须确保轨道交通9号线的正常运营。

对文明施工与社会风险评估，制定了专项措施。建立信访制度，收集多方面意见，与周边企(事)业、街道、居委会、警署，建立互动机制，信息互通，针对提出的合理意见及时整改。不定期抽查，针对矛盾突出、反响大的情况，及时落实改进。制订专项措施及突发事件应急预案。

针对市政大、中修项目，在项目伊始就与其建设方建立了联动机制，做到勤沟通、多交流、互通有无，并及时开展相关招投标工作。共同商议交织段的进场顺序、交场地时间以及搭接部位施工工艺以及工序衔接等一系列问题，尽可能做到沟通顺畅，无缝衔接。

综合分析并进行总体筹划后，确定了项目总体管理目标(见表1.2)，明确了工程标段划分(见表1.3)和项目里程碑事件(见表1.4)。

**表1.2 松江有轨电车示范线项目总体管理目标表**

| 内 容 | 目 标 |
|---|---|
| 进度 | 1. 2018年底完成竣工验收，投入使用。<br>2. 2018年10月办理“三权移交”手续 |
| 投资 | 确保将投资控制在规定的批准初步设计概算之内 |
| 质量 | 1. 单位工程一次合格率100%，争创优质结构。<br>2. 档案编制达到相关要求。<br>3. 创市政金奖 |
| 安全 | 1. 无重大伤亡事故。<br>2. 无重大管线事故。<br>3. 无影响周边工程事故 |
| 文明施工 | 达到上海市文明工地规范要求，争创市级文明工地 |

**表1.3 松江有轨电车示范线工程标段划分表**

| 内 容 | 标段数(个) | 范 围 | 备 注 |
|---|---|---|---|
| T1线 | | | |
| 正线土建 | 2 | 以松卫北路为界，分为两个标段 | 含轨道 |
| 四电 | 1 | T1线全线 | |
| 市政配套 | 1 | 松卫北路—新桥停车场 | 松卫北路至辰塔路为大中修项目 |

续上表

| 内　容 | 标段数(个) | 范　围 | 备　注 |
|---|---|---|---|
| T2 线 | | | |
| 正线土建 | 2 | 以人民北路、梅家浜路为界，分为两个标段 | 含轨道 |
| 四电 | 1 | T2 线全线 | |
| 市政配套 | 2 | 以人民北路、梅家浜路为界，分为两个标段 | |
| 停车场 | | | |
| 大学城停车场 | 1 | 全停车场 | 土建及相关风水电(四电由 T2 线四电总包单位实施) |
| 新桥停车场 | 1 | 全停车场 | 土建及相关风水电(四电由 T1 线四电总包单位实施) |
| 车辆 | | | |
| 车辆 | 1 | 全车辆 | |
| 总计 | 12 | 全工程 | |

**表 1.4　松江有轨电车示范线项目里程碑事件表**

| 序　号 | 里程碑事件名称 | 时　间 | 目　标 |
|---|---|---|---|
| 1 | 完成工程可行性研究(简称工可)报告评审 | 2014 年 10 月 1 日 | 满足工可深度要求 |
| 2 | 完成初设评审 | 2015 年 2 月 1 日 | 达到施工图深度 |
| 3 | 完成施工、监理招标 | 2015 年 8 月 1 日 | 符合招标程序 |
| 4 | 完成证照办理 | 2015 年 12 月 25 日 | 取得施工许可证 |
| 5 | 工程开工 | 2015 年 12 月 30 日 | 具备各项开工条件 |
| 6 | 轨通 | 2017 年 3 月 30 日 | 优良 |
| 7 | 电通 | 2017 年 12 月 1 日 | 优良 |
| 8 | 调度中心土建工程 | 2017 年 10 月 30 日 | 优良 |
| 9 | 调度中心机电工程 | 2017 年 12 月 1 日 | 优良 |
| 10 | 车辆进场 | 2016 年 12 月 30 日 | 及时到位 |
| 11 | 联调联试 | 2018 年 6 月 30 日 | 运转正常 |
| 12 | 初期运营 | 2018 年 10 月 1 日 | 正式开始初期运营 |

## 1.5　项目建设过程概览

松江有轨电车示范线项目自 2014 年启动建设，在参建各方的共同努力下，经过近 5 年时间，于 2018 年 12 月实现了一期载客初期运营，2019 年 8 月实现了二期载客初期运营，

2019 年 12 月实现了三期载客初期运营。建设全过程梳理见表 1.5 至表 1.10。

**表 1.5　松江有轨电车 T1、T2 线建设 2014 年大事记**

| 序　号 | 日　期 | 2014 年大事记 |
|---|---|---|
| 1 | 2014 年 7 月 | 工可评审 |
| 2 | 2014 年 8 月 | 选址意见书和用地规划许可证获批 |
| 3 | 2014 年 9 月 | 段场用地预审获批 |
| 4 | 2014 年 9 月 | 环评报告获批 |
| 5 | 2014 年 9 月 | 项目专项规划获批 |
| 6 | 2014 年 9 月 | 工可批复 |
| 7 | 2014 年 10 月 | 正线勘察、设计招标 |
| 8 | 2014 年 10 月 | 车辆招标启动 |
| 9 | 2014 年 11 月 | 项目前期工作启动仪式 |
| 10 | 2014 年 12 月 | 初设评审 |

**表 1.6　松江有轨电车 T1、T2 线建设 2015 年大事记**

| 序　号 | 日　期 | 2015 年大事记 |
|---|---|---|
| 1 | 2015 年 1 月 7 日 | 初步设计批复 |
| 2 | 2015 年 3 月 | 签订车辆采购合同 |
| 3 | 2015 年 3 月 | 辰塔路车辆基地及新桥停车场土地指标获批 |
| 4 | 2015 年 5 月 | 绿化搬迁工作启动 |
| 5 | 2015 年 6 月 1 日 | T1 线东及 T2 线西市政配套施工标招标完成 |
| 6 | 2015 年 6 月 12 日 | 第一轮车辆设计联络会完成 |
| 7 | 2015 年 6 月 15 日 | 信号及智能交通系统供应商确定 |
| 8 | 2015 年 7 月 1 日 | T1 线及 T2 线西段正线工程施工招标完成 |
| 9 | 2015 年 7 月 17 日 | 正线规划设计方案获批 |
| 10 | 2015 年 8 月 31 日 | 签订运行控制系统设备采购合同 |
| 11 | 2015 年 9 月 6 日 | 松江有轨电车建设服务管理完成招标工作 |
| 12 | 2015 年 10 月 16 日 | 正线工程规划许可证获批 |
| 13 | 2015 年 10 月 27 日 | 辰塔路车辆基地和新桥停车场土地划拨决定书获批 |
| 14 | 2015 年 11 月 9 日至 13 日 | 运行控制系统设备第一次设计联络会召开 |
| 15 | 2015 年 12 月 15 日 | T2 线西段正线正式开工 |
| 16 | 2015 年 12 月 28 日 | 正线与配套施工许可证获批 |
| 17 | 2015 年 12 月 30 日 | T1 线东段正线正式开工 |

**表 1.7　松江有轨电车 T1、T2 线建设 2016 年大事记**

| 序　号 | 日　期 | 2016 年大事记 |
|---|---|---|
| 1 | 2016 年 1 月 5 日 | 补充工可评审 |
| 2 | 2016 年 1 月 11 日 | 完成通信系统第一次设计联络会 |

续上表

| 序　号 | 日　期 | 2016 年大事记 |
|---|---|---|
| 3 | 2016 年 1 月 15 日 | 完成轨道四大主材招标 |
| 4 | 2016 年 1 月 | 完成运行控制系统第二次设计联络会 |
| 5 | 2016 年 3 月 10 日 | 辰塔路车辆基地暨松江西南交通枢纽工程工可专家评审；完成段场工艺设备招标 |
| 6 | 2016 年 3 月 29 日 | 取得上海铁路局关于 T1 线下穿金山铁路方案的批复 |
| 7 | 2016 年 4 月 10 日 | 完成六大供电系统设备招标 |
| 8 | 2016 年 4 月 27 日至 28 日 | 开展质量、安全及文明施工“三比”竞赛活动 |
| 9 | 2016 年 5 月 16 日 | 完成供电系统第一次设计联络会 |
| 10 | 2016 年 5 月 18 日 | 完成 T1 东正线样板段 PHC 管桩工序验收 |
| 11 | 2016 年 5 月 19 日 | 完成 T2 西正线样板段 PHC 管桩工序验收 |
| 12 | 2016 年 5 月 23 日 | 完成调整大学城临时停车场工可报告 |
| 13 | 2016 年 5 月 26 日 | 完成 T1 线东段正线第一块轨道板浇筑 |
| 14 | 2016 年 6 月 17 日 | 完成 T1 西正线沈泾塘桥新建人非桥桩基工序验收 |
| 15 | 2016 年 6 月 22 日 | 完成票务系统设备招标 |
| 16 | 2016 年 6 月 | 召开信号和智能交通接口对接会 |
| 17 | 2016 年 7 月 4 日 | 启动 T1 线样板车站曹农路站施工 |
| 18 | 2016 年 7 月 21 日 | 完成 T2 线“四电”安装工程施工招标 |
| 19 | 2016 年 7 月 28 日 | 完成 T1 西正线沈泾塘桥新建人非桥下部结构验收 |
| 20 | 2016 年 7 月 28 日 | 完成 T1 东正线样板段轨道板验收 |
| 21 | 2016 年 7 月 28 日 | 完成 T2 西正线龙兴桥钻孔桩基验收 |
| 22 | 2016 年 8 月 2 日 | T2 线“四电”进场，完成第一根接触网立杆 |
| 23 | 2016 年 9 月 1 日 | 取得补充工可批复 |
| 24 | 2016 年 9 月 12 日 | 完成票务第一次设计联络会 |
| 25 | 2016 年 9 月 15 日 | T2 线三新北路 G60 下穿段开始封路施工 |
| 26 | 2016 年 9 月 28 日 | 召开有轨电车 T1、T2 线调整初步设计评审会 |
| 27 | 2016 年 9 月 | 完成供电系统第二次设计联络会 |
| 28 | 2016 年 10 月 11 日 | 完成 T1 线“四电”安装工程施工招标 |
| 29 | 2016 年 10 月 14 日 | 召开 T2 线东段配套工程首次工程例会 |
| 30 | 2016 年 10 月 19 日 | 召开调整初步设计桥梁专项评审 |
| 31 | 2016 年 10 月 30 日 | 人民北路试车段供电安装工程正式启动 |
| 32 | 2016 年 10 月 31 日 | 完成 T2 西轨道板第一次、桩基第二次关键节点验收；完成 T1 西联海桥及洞泾港桥首次桩基验收 |
| 33 | 2016 年 11 月 8 日 | 完成供电系统第三次设计联络会 |
| 34 | 2016 年 11 月 14 日 | 完成运行控制系统第三次设计联络会 |
| 35 | 2016 年 11 月 20 日 | 首辆有轨电车到达试车线段——人民路文翔路 |
| 36 | 2016 年 11 月 24 日 | 试车线段外线通电 |

续上表

| 序　号 | 日　期 | 2016 年大事记 |
|---|---|---|
| 37 | 2016 年 12 月 2 日 | 取得补充初设批复 |
| 38 | 2016 年 12 月 3 日 | 箱变 BD12 送电、人民路试车段接触网送电 |
| 39 | 2016 年 12 月 10 日 | 人民路试车段有轨电车开始通电试车 |
| 40 | 2016 年 12 月 12 日 | 完成场段工艺设备第一次设计联络会 |
| 41 | 2016 年 12 月 20 日 | 完成辰塔路车辆基地项建书 |
| 42 | 2016 年 12 月 | 接收第二列、第三列有轨电车进入试车段 |

**表 1.8　松江有轨电车 T1、T2 线建设 2017 年大事记**

| 序　号 | 日　期 | 2017 年大事记 |
|---|---|---|
| 1 | 2017 年 1 月 10 日 | 变电所专项规划公示 |
| 2 | 2017 年 1 月 17 日 | 召集有轨电车工程各参建单位开展 2016 年度优胜评比表彰，鼓励先进单位及个人 |
| 3 | 2017 年 2 月 9 日 | 变电所专项规划评审会 |
| 4 | 2017 年 2 月 13 日 | 各标段正式复工，开展施工作业 |
| 5 | 2017 年 2 月 24 日 | 完成大学城停车场运行控制系统招标 |
| 6 | 2017 年 3 月 3 日 | 辰塔路车辆基地暨上海松江西南客运中心项目项建书获批 |
| 7 | 2017 年 3 月 17 日 | T1、T2 线变电所规划修改完善，上报市规划部门 |
| 8 | 2017 年 3 月 22 日 | 辰塔路车辆基地暨上海松江西南客运中心项目环评第一次公示 |
| 9 | 2017 年 4 月 20 日 | 信号专业完成电源屏及 UPS 设计联络会 |
| 10 | 2017 年 5 月 8 日 | T1、T2 线全线变电所专项规划获批 |
| 11 | 2017 年 5 月 11 日 | 召集工程所有参建单位至指挥部，召开“创全”工作布置及动员会，传达了工地“创全”标准，并布置整改任务 |
| 12 | 2017 年 6 月 7 日 | 市路政局召开 T2 线上跨 G60 方案及手续协调会 |
| 13 | 2017 年 6 月 26 日 | T2 线 A9 牵引变电所(三新路/文诚路西南角)完成箱变吊装 |
| 14 | 2017 年 7 月 10 日 | 信号组织第四次设计联络会 |
| 15 | 2017 年 7 月 15 日 | T1、T2 线连接枢纽荣乐西路/三新北路大道岔区完成轨排组装 |
| 16 | 2017 年 8 月 6 日 | T1 线 A1 牵引变电所箱变吊装到位，T1 线供电系统施工正式启动 |
| 17 | 2017 年 8 月 | 签订大学城停车场运行控制系统合同 |
| 18 | 2017 年 8 月 20 日 | T2 线大学城支线启动施工，开始钻孔灌注桩实施 |
| 19 | 2017 年 9 月 | 通信区间开始线缆敷设 |
| 20 | 2017 年 9 月 25 日 | T1 线荣乐西路/三新路 T1、T2 线连接道岔完成施工，本交叉口开发交通 |
| 21 | 2017 年 9 月 29 日 | 已到现场有轨电车完成车辆上牌工作 |
| 22 | 2017 年 10 月 5 日 | T2 线 2.56 km 梅家浜路至滨湖路段临时监控系统开通 |
| 23 | 2017 年 10 月 10 日 | T2 线完成 2.56 km 试跑段接触网送电，并在文汇路站—江学路站进行首次线路调试 |
| 24 | 2017 年 10 月 12 日 | T2 线 2.56 km 调试线路迎来了首批试乘的市民 |

续上表

| 序　号 | 日　期 | 2017 年大事记 |
|---|---|---|
| 25 | 2017 年 11 月 | 召开大学城停车场信号设计联络会 |
| 26 | 2017 年 11 月 | T2 线样板车站安装通信设备 |
| 27 | 2017 年 12 月 11 日 | 完成新桥停车场工程施工招标工作 |

**表 1.9　松江有轨电车 T1、T2 线建设 2018 年大事记**

| 序　号 | 日　期 | 2018 年大事记 |
|---|---|---|
| 1 | 2018 年 1 月 8 日 | T1 线 A0 开闭所、A1 牵降变送电成功；T2 线 BD09、BD10 牵降变送电成功 |
| 2 | 2018 年 1 月 10 日 | 大学城停车场机电进场施工 |
| 3 | 2018 年 1 月 12 日 | T2 线 BD14 变电所送电成功 |
| 4 | 2018 年 1 月 31 日 | T2 线 BD11、BD12、BD13 变电所送电成功 |
| 5 | 2018 年 2 月 1 日至 5 日 | T1 线、T2 线仓华路至江学路接触网冷滑、送电、热滑成功 |
| 6 | 2018 年 2 月 8 日 | 有轨电车 T2 线文汇路站至 T1 线仓华路站的线路试跑成功，调试路段由原先的 4 站 3 区间 2.56 km 增加到 11 站 10 区间 7.33 km |
| 7 | 2018 年 3 月 5 日 | 各标段正式复工，开展施工作业 |
| 8 | 2018 年 3 月 10 日 | 大学城停车场调度中心设备进场 |
| 9 | 2018 年 3 月 19 日 | 上海申凯公共交通管理有限公司中标有轨电车示范线委托运营项目 |
| 10 | 2018 年 3 月 31 日 | 大学城停车场轨道贯通 |
| 11 | 2018 年 4 月 17 日 | TCH 箱变，停车场箱变(JB)送电成功 |
| 12 | 2018 年 4 月 20 日至 6 月 10 日 | 新松江路(江学路—龙源路)约 1 km 的正线线路进行有轨电车车辆动调测试 |
| 13 | 2018 年 5 月 2 日至 14 日 | 三新北路—思贤路岔区进行有轨电车信号动调测试 |
| 14 | 2018 年 5 月 4 日 | 支线热滑、停车场热滑成功 |
| 15 | 2018 年 4 月 28 日 | 由上海市交通运输行业协会、上海市隧道工程轨道交通设计研究院、上海黄浦江大桥建设有限公司作为主编单位，编制的上海市工程建议规范《有轨电车工程质量验收标准》通过了上海市交通建设管理中心组织的项目启动评审 |
| 16 | 2018 年 5 月 16 日 | 由上海市交通运输行业协会、上海市隧道工程轨道交通设计研究院、上海黄浦江大桥建设有限公司等起草编制的上海市地方标准《有轨电车试运营基本条件》通过专家评定 |
| 17 | 2018 年 5 月 17 日 | 由上海黄浦江大桥建设有限公司牵头，上海市隧道工程轨道交通设计研究院配合编制完成《有轨电车联调联试大纲》进行相关专业联合审稿 |
| 18 | 2018 年 6 月 8 日 | T1 线 A0、A1 变电所、接触网仓华路至三新路取子单位开通验收 |
| 19 | 2018 年 7 月 | 首开段机电各系统进行单体调试 |
| 20 | 2018 年 8 月至 9 月 | 机电各系统进行联调联试工作 |
| 21 | 2018 年 9 月 3 日 | 跨 G60 转体桥主体结构完成 |
| 22 | 2018 年 9 月 16 日 | 业主与申凯运营单位签署《交接备忘录》，申凯运营提供行车指挥权 |

续上表

| 序　号 | 日　期 | 2018 年大事记 |
|---|---|---|
| 23 | 2018 年 9 月 28 日 | 申凯运营单位组织不载客试运行 |
| 24 | 2018 年 10 月 7 日 | 完成首开段供电、信号、通信、票务、车辆、FAS、车场工艺等专业联调联试工作 |
| 25 | 2018 年 10 月 8 日 | 启动三权移交工作 |
| 26 | 2018 年 10 月 21 日 | 取得信号不载客试运行证书 |
| 27 | 2018 年 10 月 25 日至 29 日 | T1 线四电一期通车段通车条件验收；T2 线四电一期通车段通车条件验收；T1 线一标通车段通车条件验收 |
| 28 | 2018 年 10 月 27 日至 28 日 | 一期工程(T1 线仓华路站至 T2 线中辰路站)初期运营预评审 |
| 29 | 2018 年 11 月 6 日 | 申凯运营公司组织 20 d 跑图 |
| 30 | 2018 年 11 月 12 日 | 完成安全评价报告专家评审 |
| 31 | 2018 年 11 月 25 日 | 取得载客安全证书 |
| 32 | 2018 年 11 月 27 日至 29 日 | 有轨电车一期初期运营通车条件评审 |
| 33 | 2018 年 12 月 20 日 | 票价方案上级审批通过 |
| 34 | 2018 年 12 月 20 日至 21 日 | 申凯运营公司组织万人试乘有轨电车活动 |
| 35 | 2018 年 12 月 26 日 | 有轨电车一期载客初期运营 |
| 36 | 2018 年 12 月 31 日 | 二期初期运营范围内无缝线路施工完成 |

**表 1.10　松江有轨电车 T1、T2 线建设 2019 年大事记**

| 序　号 | 日　期 | 2019 年大事记 |
|---|---|---|
| 1 | 2019 年 1 月 1 日至 2 月 10 日 | 开展二期供电系统、通信系统、运行控制系统和道路交通运行控制系统、售检票系统、乘客信息系统及调度指挥等系统进行单体调试 |
| 2 | 2019 年 2 月 20 日 | T1 线三新北路——新庙三路触网送电 |
| 3 | 2019 年 2 月 26 日 | T1、T2 线二期接触网热滑 |
| 4 | 2019 年 3 月 30 日 | 完成 T1 线西林北路、九峰路天桥施工 |
| 5 | 2019 年 2 月 11 日至 4 月 30 日 | 开展二期车辆、轨道、供电系统、通信系统、运行控制系统和道路交通运行控制系统、售检票系统、乘客信息系统及调度指挥等系统进行综合模拟运行，并提供联合调试报告 |
| 6 | 2019 年 4 月 30 日 | 完成二期初期运营范围内所有配套道路、土建、四电安装工程竣工验收(通车条件)工作；特种设备、消防、安全、卫生评价、防雷接地、票价、工程档案等方面验收工作，并取得所有批准文件 |
| 7 | 2019 年 5 月 5 日 | 启动三权移交工作 |
| 8 | 2019 年 5 月 27 日 | 取得信号不载客试运行证书 |
| 9 | 2019 年 5 月 28 日至 7 月 12 日 | 申凯运营公司组织二期工程不载客试运行 |
| 10 | 2019 年 6 月 26 日 | 完成松江有轨电车二期工程安全评价报告专家评审 |
| 11 | 2019 年 7 月 16 日 | 取得载客安全证书 |
| 12 | 2019 年 7 月 17 日至 19 日 | 有轨电车二期初期运营通车条件评审 |
| 13 | 2019 年 8 月 10 日 | 有轨电车二期开通初期运营 |
| 14 | 2019 年 12 月 30 日 | 有轨电车三期开通初期运营 |

# 2 计划管理

对任何工程项目来说，计划都是“龙头”，计划编制得是否合理将直接影响项目的成本、工程的质量以及整个项目安全。计划编制合理，既能有效控制好项目成本，还能保证预期目标顺利实现。相反，计划编制不合理，要么会导致工期紧张，需要增加大量的人、机、物、料投入，不仅影响工程质量，造成安全隐患，还会造成不必要的成本支出，致使超出项目概算；从而会导致工期过于松散，明明可以尽早竣工投入使用并能及时产生效益，回收工程投资成本，结果迟迟未能投入使用，不仅使建设成本回收期变长，还会增加工程对周边居民及交通的影响周期，产生社会风险。

建设单位针对整个项目的相关情况进行了细致梳理，制定了项目实施过程中各阶段计划管理目标、管理重点、管理内容，出台了相关的管理办法及计划管理流程，并根据总体筹划编制了项目总体计划，明确了里程碑时间以及详细工程计划。

## 2.1 计划管理目标

1. 前期阶段

初设编制完成；动(拆)迁、管线迁改完成；交通组织完毕。

2. 实施阶段

各施工工序按主体进度计划工期有序完成。

3. 收尾阶段

按节点要求完成验收、结算、决算工作。

## 2.2 计划管理重点

1. 前期阶段

制订初步设计文件的编制计划；制订动拆迁、管线的迁改计划；制订交通组织翻交计划。

2. 实施阶段

制订施工图出图计划，以保证施工进度；制订年度、季度、月度施工计划，并做好反馈，及时调整。

3. 收尾阶段

积极开展档案验收、竣工验收工作，确保按既定计划实施；结算书的编制及初审决算表的编制。

## 2.3 计划管理内容

(1)初步设计文件编制达到施工图出图阶段的深度，以确保后续施工可严格遵照计划实施。

(2)详细调查动(拆)迁情况，制订动(拆)迁计划。

(3)制订招投标计划，针对监理单位、施工单位、设备材料供应单位制定招标文件。

(4)制订出图计划，保证施工进度的安排。

(5)制订年度、季度、月度施工计划。于每月 25 日下发下月计划，根据上报计划内容严格控制施工进度。

(6)处理好各阶段施工工序衔接关系，提前对计划跟进，并针对施工实际情况做及时调整，做到计划指导施工，施工紧贴计划。

## 2.4 案例分析

以松江有轨电车示范线人民北路试车线段为例，计划管理流程如图 2.1 所示。

人民北路试车线段为正线唯一一段绿化铺装路段，有别于其他路段，开工时间也最早，比较有代表性。按时间层次来分，工程计划有年度、季度和月度计划。当年四季度编制下一年度的年度计划，本季度最后一月编制下一季度的季度计划，本月编制下一月的月度计划，每半个月进行进度检查，当实际进度偏离原计划时，及时进行纠偏；在原计划不能完成时，履行相关审批手续后进行计划调整。

各层次计划均由承包单位以建设单位编制的总体筹划为依据起草，于每月 18 日前将下月计划提交监理部审核；监理审核后于每月 20 日前将下月计划提交建设单位的项目管理部；建设单位的项目管理部在收到计划的 3 天内召集建设单位相关部门、监理及承包单位进行计划讨论，达成一致后由项目管理部经理批准后于每月 25 日前下达承包单位实施；过程中由监理监督现场进度，发现进度滞后时启动反馈机制及时进行纠偏。

人民北路试车线段于 2015 年 12 月 15 日开工，按照上述原则及图 2.1 的流程进行计划管理，于 2016 年 3 月 31 日完成桩基施工，于 2016 年 11 月 26 日完成轨道的施工，于 2016 年 11 月 24 日完成外电通电，于 2016 年 12 月 10 日具备试车线段试车条件。其间多次因现场进度滞后召开专题会进行协调，最终在比原计划晚 3 个月的时间节点完成所有土建工作，通过计划管理较好地完成了试车线段的建设任务。

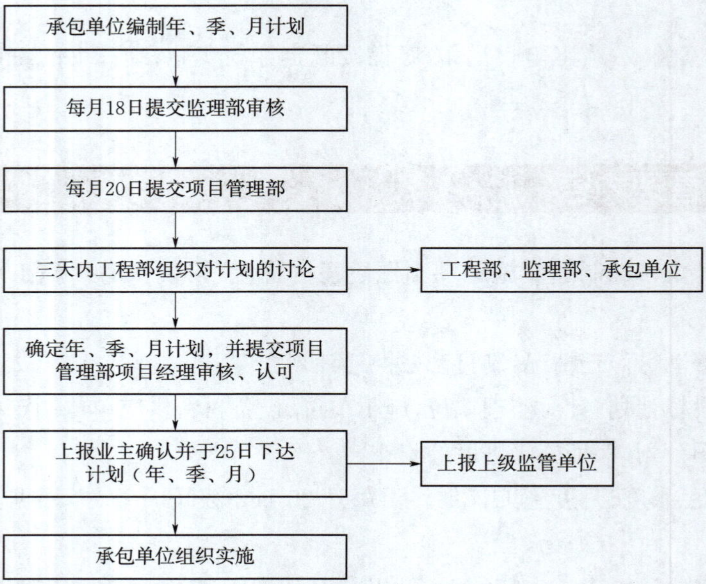
承包单位编制年、季、月计划
每月18日提交监理部审核
每月20日提交项目管理部
三天内工程部组织对计划的讨论
工程部、监理部、承包单位
确定年、季、月计划，并提交项目管理部项目经理审核、认可
上报业主确认并于25日下达计划（年、季、月）
上报上级监管单位
承包单位组织实施

图 2.1　计划管理流程

# 3 行政许可管理

松江有轨电车示范线项目行政许可办理是建设前期工作中的一部分。根据相关法律及行业规范，在工程开工前，须将建设工程信息上报有关行政主管部门，并取得行政许可证明。随着建筑市场管理的逐步规范，政府管理部门对建设程序的管理也越来越严格。松江有轨电车工程不同于一般的市政工程，存在时间紧、任务重的特点，要在短时间内完成行政许可办理，让工程如期合法开工，必须根据示范线项目的特殊性来完成行政许可的各项程序。

为了顺利完成松江有轨电车示范线项目的各项行政许可办理工作，上海松江有轨电车投资运营有限公司和上海黄浦江大桥建设有限公司共同成立办证工作组，一方面紧扣项目的设计方案，另一方面深入研究各种规章制度。

## 3.1 工作流程

松江有轨电车示范线项目前期行政许可工作始于网络规划批复，终于施工许可证办理。松江有轨电车网络规划批复后，办理专项规划。网络规划和专项规划均由上海市人民政府批复，后续行政许可的审批工作由松江区政府相关部门办理。上海市松江区发展和改革委员会批准了《松江区现代有轨电车示范线工程项目建议书》。

在项目建议书批复后，松江有轨电车示范线项目划分为 T1 线、T2 线、辰塔路车辆基地、新桥停车场等 4 个单体进行后续行政许可办理。辰塔路车辆基地、新桥停车场属于市政场站工程，需要征收土地，办理选址意见书和用地预审。T1 线、T2 线属于市政交通工程，利用现有道路桥梁进行建设，不需要新增用地。工程可行性研究报告由松江区发改委批复。工可批复后，分为 4 个单体开展规划设计方案办理。规划设计方案批复后，辰塔路车辆基地、新桥停车场办理了建设用地规划许可证、供地方案、划拨决定书、用地批准书，然后办理建设工程规划许可证，T1 线、T2 线直接办理建设工程规划许可证。建设工程规划许可证办理完成后办理施工许可证。

## 3.2 行政许可办理

行政许可办理流程如图 3.1 和图 3.2 所示，其中棕色代表规划类证照、黄色代表土地类证照、红色代表建设类证照。

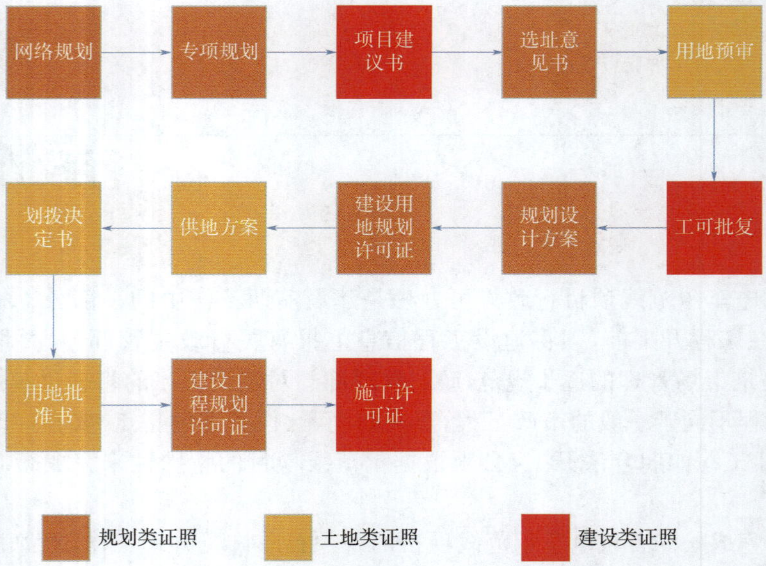


图 3.1　停车场工程行政许可办理流程

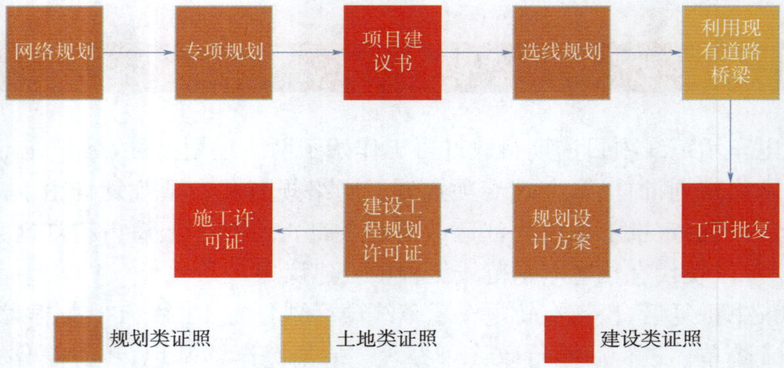


图 3.2　线路工程行政许可办理流程

## 3.2.1　网络规划

按照上海市政府批准的《松江区现代有轨电车网络规划(2013—2020)》,松江有轨电车属于松江城区内部相对独立的骨干型公共交通系统,作为城区轨道交通和公交的补充和衔接,覆盖松江区重点城镇。根据规划,松江有轨电车有 6 条线路,全长 90 km,设站 118 座,还设置辰塔路车辆基地、大学城停车场、中春路停车场、北松路停车场和新桥停车场等配套设施。

## 3.2.2　专项规划

上海市政府批准的《松江区现代有轨电车示范线选线及车辆基地选址专项规划》,原则同意 T1 线、T2 线选线方案、辰塔路车辆基地、新桥停车场等配套车辆基地选址以及因有轨电车线路设置而产生的相关道路红线调整。

### 3.2.3 项目建议书

在上海市政府对松江有轨电车网络规划和专项规划批复后，由松江区政府相关部门开展后续行政许可的审批工作。上海市松江区发展和改革委员会批准了《松江区现代有轨电车示范线工程项目建议书》。

### 3.2.4 选址意见书

上海市松江区规划和土地管理局批准了辰塔路车辆基地工程和新桥停车场工程《建设项目选址意见书》，对建设项目位置、建设工程性质、规划用地性质、建设用地面积、建筑密度、建筑容积率、绿地率等内容作出了规定。

### 3.2.5 用地预审

上海市松江区规划和土地管理局批复了辰塔路车辆基地工程和新桥停车场工程建设项目用地预审。两个停车场均涉及农用地和耕地，需按照《中华人民共和国土地管理法》及《上海市人民政府批转市财政局等四部门制定的〈上海市耕地开垦费管理办法〉的通知》等有关规定，落实建设占用耕地补偿指标或耕地开垦费。

### 3.2.6 选线规划

不同于辰塔路车辆基地、新桥停车场，T1 线、T2 线工程利用现有道路和桥梁进行建设，由上海市松江区规划和土地管理局批准《松江区现代有轨电车示范线 T1 线工程选线规划》和《松江区现代有轨电车示范线 T2 线工程选线规划》。原则同意选线规划内容，在实施过程中，如涉及重大调整，须重新编制调整选线规划，报松江区土地规划部门批准。

### 3.2.7 工程可行性研究报告

在辰塔路车辆基地、新桥停车场选址意见书批复和用地预审完成，以及 T1 线、T2 线选线规划批复和利用现有道路桥梁建设确定后，上海松江有轨电车投资运营有限公司组织编写了《松江区现代有轨电车示范线工程可行性研究报告》，上报上海市松江区发展和改革委员会，并于 2014 年 9 月取得《关于松江区现代有轨电车示范线工程可行性研究报告的批复》。

### 3.2.8 规划设计方案

上海市松江区规划和土地管理局分别对新桥停车场、辰塔路车辆基地、T1 线、T2 线 4 个单体的《建设工程设计方案》进行了批复。对新桥停车场和辰塔路车辆基地的建设项目位置、规划用地性质、用地面积、建筑面积、绿化率等内容进行了批复，同时规定了退让道路规划红线、绿线、规划蓝线的要求和基地主要出入口设置。对 T1 线和 T2 线的建设项目位置和车道位置进行了批复。

### 3.2.9 建设用地规划许可证

上海市松江区批复了辰塔路车辆基地、新桥停车场的“建设用地规划许可证”，规定了建设用地的位置、规划性质和面积，建设用地具体范围通过“建设用地规划许可证”附图进行确认，并以实测为准。

### 3.2.10 供地方案

上海市松江区人民政府批准了松江有轨电车示范线新桥停车场和辰塔路车辆基地工程的《建设用地项目供地方案》。

松江有轨电车投资运营有限公司凭供地方案的批复办理国有土地划拨使用手续，按规定申领“国有土地划拨决定书”，并申领“建设用地批准书”。

### 3.2.11 用地划拨决定书

上海市松江区规划和土地管理局批复了松江有轨电车示范线新桥停车场和辰塔路车辆基地工程的“国有建设用地划拨决定书”，作为依法以划拨方式设立国有建设用地使用权、使用国有建设用地和申请土地登记的凭证，规定了工程项目开工建设和竣工时间。

### 3.2.12 用地批准书

上海市松江区人民政府批复了松江有轨电车示范线辰塔路车辆基地和新桥停车场工程的“建设用地批准书”，准予上海松江有轨电车投资运营有限公司使用该处土地并进行开发建设。

### 3.2.13 建设工程规划许可证

上海市松江区规划和土地管理局批复了松江有轨电车示范线 T1 线、T2 线和新桥停车场的“建设工程规划许可证”。辰塔路车辆基地工程变更为与公交枢纽联合建设，属于规划和设计方案的重大调整，重新立项办理相关行政许可。

### 3.2.14 施工许可证

在完成“建设工程规划许可证”、建设资金落实、施工场地条件、质量安全报监后，开始施工许可证的办理，根据标段划分情况，共办理了 9 张施工许可证。上海市松江区建设和管理委员会对“建筑工程施工许可证”进行了批复。

# 4 设计管理

结合松江有轨电车工程的规模和特点，制定设计管理工作的思路如下：

以城市总体规划为指导，以线网规划为依据，以提高城市公共交通体系的运营服务水平为准则，超前研究并制定工程的各项设计原则、设计标准和统一的技术要求；统一设备选型；组织重大技术难题的方案研究，协调内部、外部技术接口；配合施工阶段的技术服务等。

在实施过程中，以设计质量控制、进度控制、投资控制为管理重点，组织、指导、协调、检查、督促各相关专业按计划、有序地开展设计，确保工程设计的总体性、系统性、完整性。

## 4.1 设计管理任务

设计管理的范围包括：项目前期阶段的选线规划研究、项目策划书、工程预可行性研究（以下简称“预可”），工程可行性研究以及规划选址、用地预审、环境影响评价、社会风险评估、客流预测、地震安全性评价、地质灾害危险性评估工作等配套工作；设计阶段的总体设计、初步设计、施工图设计、竣工图归档、设计变更以及物探、勘察、管线迁改、交通组织、动拆迁调研等配套工作；前期及设计阶段的招标比选、合同签订、文件上报、评估/评审及日常管理和协调等。

## 4.2 设计管理工作重点

（1）制定设计管理目标及办法。

（2）抓好设计各阶段如方案设计、初步设计、施工图及专项和深化设计等阶段的管理工作，以及图纸等技术文件的收发放管理工作。

（3）组织召开各类设计专题、设计交底和设计变更等技术类会议。

（4）组织各设计单位对其设计方案的技术先进性、经济合理性、项目适用性和实施可能性，以及风险控制等进行全面分析，为领导决策提供依据。

（5）加强与设计单位的对接，制订和落实设计出图计划，协调各专业设计界面接口。

（6）配合其他部门的管理工作。

（7）其他与设计有关的协调工作。

## 4.3 设计管理内容

### 4.3.1 工程可行性研究、初步设计

工程可行性研究是指在投资决策前，运用多学科手段综合论证一个工程项目在技术上是否现实、实用和可靠，在财务上是否盈利，分析和评价环境影响、社会效益和经济效益及工程抗风险能力等，为投资决策提供科学依据。

在工可批复后，进行证照办理及相关部门的征询工作，征询内容和范围应满足工程证照办理需求，一般包括规划、水务、消防、环保、卫生防疫、绿化、交通等内容。初步设计阶段需要完成以上相关部门的报审或征询工作，并取得相关批复或征询反馈单，作为设计和工程建设依据。

2014 年 6 月，上海市隧道工程轨道交通设计研究院和上海市城市建设设计研究总院(集团)有限公司联合完成了《松江区现代有轨电车示范线工程可行性研究报告》的编制工作。2014 年 7 月，工可报告通过专家评审。2014 年 9 月 29 日，工可报告获得松江区发改委批复。

在此基础上，2014 年 11 月，上海市城市建设设计研究总院(集团)有限公司设计团队编制完成了《松江区现代有轨电车示范性工程 T1 线初步设计》，上海市隧道工程轨道交通设计研究院设计团队编制完成了《松江区现代有轨电车示范性工程 T2 线初步设计》，上海林同炎李国豪土建工程咨询有限公司(简称林李土建工程咨询有限公司)设计团队编制完成了《松江区现代有轨电车示范性工程前期市政配套工程初步设计》。2014 年 12 月，T1、T2 线及相关市政配套工程初步设计通过专家评审。2015 年 1 月，T1、T2 线及相关市政配套工程初步设计获得松江区建设和交通委员会批复。

在随后开展的设计工作中，经多轮方案汇报、评审以及意见征询后，为使线、站位方案减少对道路交通、周边环境的影响并更具可实施性，对原设计方案进行了调整和优化，如对 T2 线梅家浜路段进行改线、T1 线沿线车站调整以及大学城停车场方案调整等内容，进一步完善设计方案。为此，于 2015 年 11 月编制了《松江区现代有轨电车示范线工程可行性研究补充报告》，并由上海投资咨询公司于 2016 年 1 月组织完成补充工可的专家评审。在对专家意见进行回复和修改的基础上，三家设计单位又于 2016 年 4 月提交了《松江区现代有轨电车示范线工程可行性研究补充报告相关问题补充材料》。

2016 年 8 月，上海投资咨询公司编制完成《松江区现代有轨电车示范线工程调整可行性研究评估报告》。2016 年 9 月 1 日，项目获得了区发改委的《关于松江区现代有轨电车示范线工程可行性研究报告调整的批复》。

根据补充工可的评估意见以及补充工可批复意见，三家设计单位对项目设计方案进行深化和优化。2016 年 9 月下旬，设计单位完成《松江区现代有轨电车示范线工程调整初步设计报告》编制工作。2016 年 12 月 2 日，项目调整初步设计获得了松江区建交委批复。

### 4.3.2 设计前期管理

与市、区土地规划部门、交警、管线等有关部门联系协调，稳定设计边界条件。开展工程

设计前期工作，收集并下发设计前期环境评估报告，地质勘察、物探、地形图、管线图以及水系图等相关基础资料，为各专业设计工作的顺利开展创造条件。

与有轨电车工程设计相关的有建设单位、设计单位、施工单位以及相关的政府主管部门、沿线相关单位等多家单位，在设计过程中需要传达指令、相互联络、相互衔接、相互制约，因此，需紧密联系各相关单位。

### 4.3.3 设计管理制度

为加强对建设项目设计工作的检查、考核和管理，规范相应的管理程序和操作流程，提高设计质量及管理水平，上海松江有轨电车投资运营有限公司制定了《设计工作管理办法》。从管理职责、管理内容、管理制度等方面对设计管理工作进行了规范和要求。

松江有轨电车示范线设计总体管理是围绕工程的设计质量、进度、投资三控制目标，负责解决工程全过程的设计技术问题。在开展各阶段设计之前，超前研究并制定工程的各项设计原则、设计标准和统一的技术要求。在设计过程中，结合政府职能部门和建设单位的要求，以及各专业间的技术接口和分工界面，进行技术协调，贯彻落实执行各项技术要求，配合施工现场解决和处理有关设计的重大问题。在实施过程中，领衔、指导、检查、督促各相关专业设计工作的开展，确保工程的系统性、统一性、完整性。

松江有轨电车示范线工程设计工作流程如图 4.1 所示。

设计协调是项目管理的核心，在设计管理中也发挥着关键作用。在项目开始时建立一套设计协调机制，用于协调各工点、系统、专业设计工作和技术接口管理。

1. 设计交底

组织设计人员做好向施工单位和施工监理单位的技术交底、介绍设计意图、解释设计文件、说明系统间接口关系、施工注意事项等工作。项目设计人员应积极配合设计技术交底会议，协调处理会议决定的有关设计问题，图纸交底工作须按建设单位要求按时进行。

2. 设计例会

设计例会视设计工作情况而定，每两周或一周召开一次。通过设计例会平台，建设单位、设计总体共同检查和督促各相关专业设计工作情况，检查各相关专业设计质量和进度完成情况，并对设计中存在的问题及时商讨解决，确保设计工作顺利推进。

设计例会前，梳理上会讨论的事项并形成提纲，以提高设计例会开会效率。各施工总包单位需提前与设计人员进行沟通，将需要决议的内容汇总上报。

### 4.3.4 设计人员管理

松江有轨电车工程设计工作由三家设计院共同承担，林李土建工程咨询有限公司负责松江有轨电车示范线项目的道路改建工程设计工作，上海城市建设设计总院(集团)有限公司负责松江有轨电车示范线项目 T1 线设计工作，上海市隧道工程轨道交通设计研究院负责松江有轨电车示范性工程 T2 线设计工作。项目启动后，建设单位成立设计管理部门，要求设计单位提供各专业设计人员资格资质、联系册，包括各单体项目负责人及建筑、结构、风水电等各专业负责人和设计人员名单。各单体项目负责人和专业负责人必须具有丰富的设计经验，并持有高级工程师及以上职称及相关职业资格证书。同时，要求设计单位需提供每一

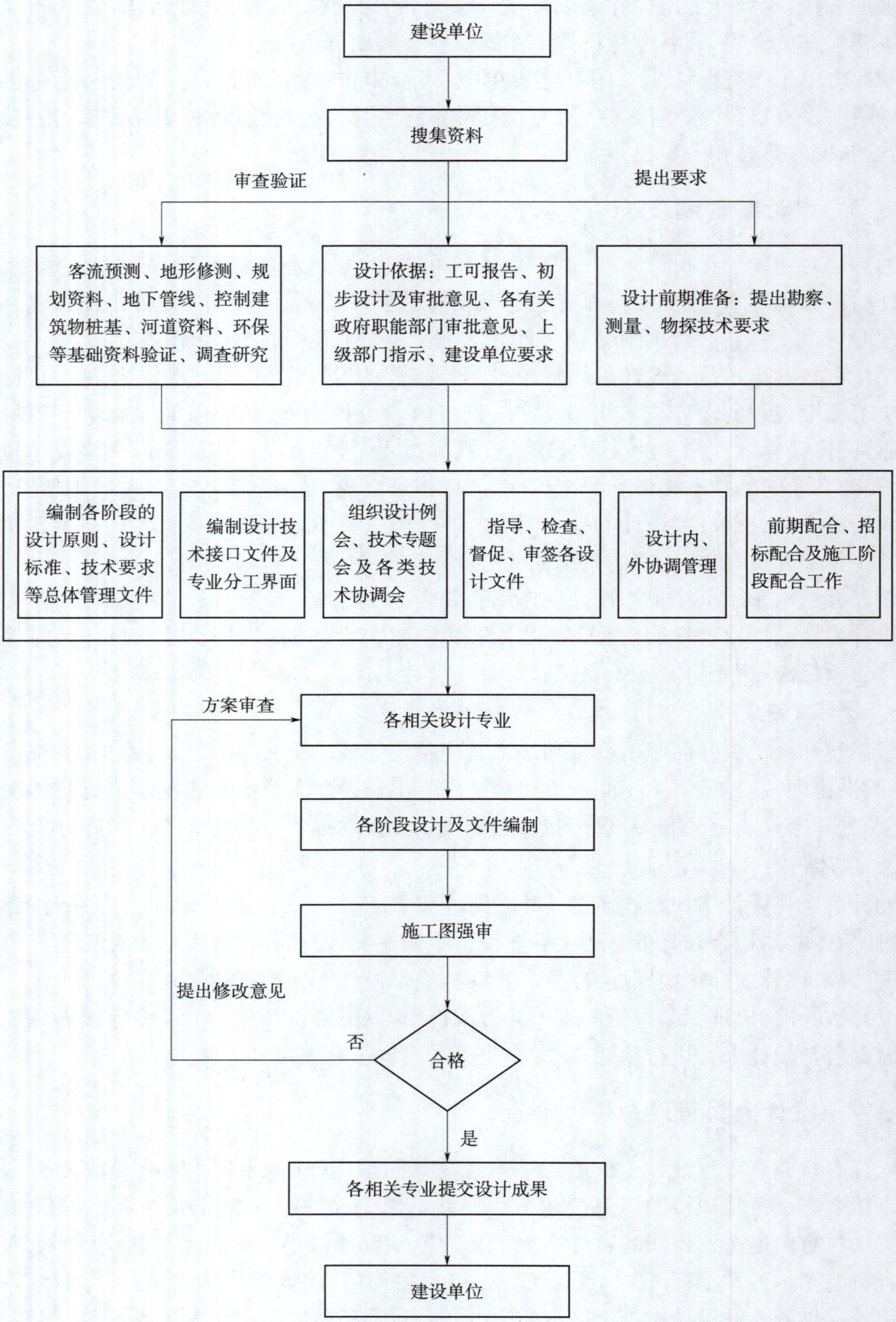


**图 4.1　松江有轨电车工程设计工作流程**

个图册的审核和审定人员名单，便于建设单位统筹协调。

松江有轨电车工程采用集中办公，在施工的不同阶段配备不同设计专业人员进驻现场办公。设计管理采用专业与职能相结合的垂直管理模式，各专业负责人在项目执行过程中，分工负责项目的各专业设计工作及与其他相关专业的对接工作，指导、管理和协调设计工作，组织编制各阶段设计技术管理文件，确保设计人员的配备和工程程序，做好项目内、外关系的协调，负责各阶段设计文件的总体审查，提交满足要求的成果。

### 4.3.5 设计接口管理

松江有轨电车工程涉及的专业众多、关系复杂，各专业项目之间需要进行相互协调、密切配合，以保证满足各项设计要求，充分发挥有轨电车交通功能。接口管理包括机电与土建之间、机电系统之间等内外部的接口。在施工图设计阶段，为避免出现各设计院之间、各专业之间因提资造成进度及质量问题，制定了《设计接口需求书》，要求相关专业两两之间均应明确工作范围、接口位置、接口作用及内容，理论上能全面解决接口问题。

经过协调和确认的接口要求及接口界面是各相关专业必须遵循的技术条件，按设计阶段制定不同层次的内、外部接口协调制度，组织设计各工点、系统之间以及同城市规划等相关职能部门进行技术协调，稳定设计接口条件。

良好的信息沟通也是接口管理的重要协助手段。项目建立了信息交流和沟通平台，并安排专人管理，如各方参与的例会、公共邮箱等。在平台中，由各专业互相明确提资方和接受方的需求，保证提资内容和进度满足施工图设计的要求，并对每一次提资做好编号。编号索引信息包括提资内容、提资方、接收方、提资时间等，在每一个接收方确认收到后提资完成。

### 4.3.6 设计质量管理

施工图设计是工程施工的依据。设计单位、审图单位着重检查设计文件是否符合初步设计确定的设计原则与技术要求，有无违背初步设计审查意见；施工图审查单位还对设计图纸清晰、数据准确，设计安全、合理，设计文件是否严格按照 ISO 9000 质量保证体系的标准运行等内容进行审查，确保设计文件的质量，为工程的施工提供保障，帮助建设单位严格做好工程投资控制。

施工图质量管理，首先应确保施工图设计程序完整。施工图设计需要完成的程序有：设计、校核、审核、审定、内审、强审。设计、校核、审核、审定由各设计院内部完成，内审由设计院内部进行，强审需建设单位委托有审图资质的第三方公司进行审查。校核、审核、审定、内审、强审等环节提出的任何问题，均需返回设计人员进行确认修改并闭合。对关键方案及采用“新技术、新工艺、新材料、新设备”的特殊节点，应组织建设单位相关部门、行业专家进行专项评审。

### 4.3.7 设计计划管理

设计管理部根据总体策划对各分项工程施工筹划安排和设计要求，编制设计分解计划，并按此进行进度控制。出图计划根据施工计划制订，匹配工程节点目标。施工图经审核完毕后经设计单位确认，出具蓝图发放至建设单位。施工图出图内容以蓝图为准。

进度管理可分为计划、跟踪、调整、控制四个过程。

1. 计划

建立设计进度计划分级管理机制，根据工程总进度计划，编制设计总进度计划和各分项设计分解计划，并负责协调落实。设计总体单位编制设计进度控制管理办法，以充分发挥计划在控制设计进度中的作用，规范设计计划工作，提高管理水平。

2. 跟踪

设计按计划开始执行后，为了动态掌握进度情况，要将实际进度与基准计划进行对比。为此设计总体单位建立了设计进度报表制度。各相关专业根据项目进展情况编制当月项目内的各专业设计进度表，同时提出对本项目相关专业间互提资料的内容及其时间要求。建设单位据此报表进行分析，进行动态管理，发现问题及时协调解决，采取针对性的纠偏措施，确保进度计划执行过程的受控。

3. 调整

根据现场要求以及设计工作情况的变更进行设计总进度计划、阶段性设计进度计划调整和修改，经建设单位核准后，发至各相关专业作为其计划编制的依据。若根据实际情况需对设计计划进度进行调整时，需搜集计划调整依据，详细了解工程的实际进展情况，为调整设计进度计划工作做充分准备。

4. 控制

设计单位根据设计过程，制定设计工作整体的进度计划表，确定其中的关键点，加强对关键点的控制，确保关键点设计按计划进度完成，使整个设计工作处于受控的状态。

各相关专业则根据设计计划，组织落实保证措施，认真把握关键点动态，确保关键点的设计工作按计划完成。建设单位对设计工作提出新的要求、措施和决策，若影响设计工作的正常进行、影响到对关键点的控制，设计单位应提出解决问题的办法和建议。

### 4.3.8 施工图登记及分发

施工图阶段应做好相关设计图纸的接收、登记、存档和分发工作。图纸管理人员按合同规定接收和分发图纸，并将图纸进行登记存档，编制台账。接收台账应包括图纸名称、编号、数量、接收日期、存档位置等内容。分发台账应包括图纸名称、编号、分发数量、日期、接收单位、接收人签字等内容。

### 4.3.9 设计考核

设计考核与设计费支付直接相关，是设计管理的重要手段，设计考核包括组织管理、设计进度、设计质量、投资控制、设计配合服务等内容。建设单位组织合约部、财务部、设计部、前期部、机电部、质安部等相关部门，对各设计院进行考核，考核可按每季度或每半年开展一次。表 4.1 为有轨电车项目设计单位考评表。

**表 4.1　有轨电车项目设计单位考评表**

| 项目名称 | | | | |
|---|---|---|---|---|
| 设计单位 | | | | |
| 序　号 | 考核内容 | 标准分值 | 考核扣分 | 考核结果 |
| **一** | **投资控制** | **30** | | |
| 1 | 设计变更造成投资增加，甚至超设计概算 | 30 | | |
| **二** | **进度管理** | **20** | | |
| 1 | 编制详细的设计进度计划报送建设单位 | 5 | | |
| 2 | 按照合同要求准时出图 | 5 | | |
| 3 | 出图情况是否影响施工工期 | 10 | | |
| **三** | **质量管理** | **30** | | |
| 1 | 图纸质量 | 10 | | |
| 2 | 设计人员及团队要求 | 5 | | |
| 3 | 设计变更及时、准确 | 5 | | |
| 4 | 参与隐蔽工程和关键部位的质量检查验收及国家有关规范规定需设计参加的验收 | 2 | | |
| 5 | 现场检查发现质量问题，及时报告建设单位，并提出合理的处理建议 | 2 | | |
| 6 | 配合监理单位监督工地施工质量 | 2 | | |
| 7 | 协助处理现场出现的工程施工安全问题，做出分析，并积极提出处理建议 | 2 | | |
| 8 | 参加工程质量事故的调查和事故处理，并积极提出处理意见 | 2 | | |
| **四** | **现场设计配合** | **20** | | |
| 1 | 有专业设计人员常驻现场，在场时间不少于 20 天/月 | 5 | | |
| 2 | 按时进行设计交底，及时解决施工过程中存在的设计问题 | 5 | | |
| 3 | 按时参加项目会议 | 3 | | |
| 4 | 配合建设单位进行方案比选，合理优化设计 | 3 | | |
| 5 | 月度报告在每月 26 日前报送建设单位 | 2 | | |
| 6 | 建设单位指定的设计配合工作和其他事项 | 2 | | |
| **合计得分** | | **100** | | |
| 说明：<br>1. 考核采取扣分方式，对应选项分数扣完为止。<br>2. 由于设计单位设计错误造成投资额增加的，设计单位除负责采取补救措施外，应免收损失部分的设计费，同时将根据合同要求向建设单位偿付赔偿金。<br>3. 实行事故一票否决权，出现一次设计质量或安全事故，相应的质量分数予以全扣。<br>4. 总分 100 分，考评分 90 分以上(含 90 分)评定为优秀，考评分在 90 分和 80 分之间(含 80 分)评定为良好，考评分在 80 分和 70 分之间(含 70 分)评定为合格，考评分在 70 分以下评定为不合格 | | | | |
| 建设单位(签章) | | 设计单位(签章) | | |

# 5 投资控制管理

松江有轨电车示范线项目为全财政投资项目，项目建设周期长，项目工作内容多，为确保项目整体投资不超过项目初步设计概算，需对项目招投标、合约、支付、设计变更、竣工结算等工作进行严格把控。

## 5.1 招标管理

结合松江有轨电车示范线项目特点，将项目招标内容划分为设计勘察标、正线施工及监理标、四电集成施工标以及主要设备材料标四大类型。核心机电设备及材料采用甲方直接采购或甲招乙供的方案，有利于建设单位对核心机电设备及材料的控制。

### 5.1.1 设计勘察招标

1. 招标概况

松江有轨电车示范线项目勘察、工程测量、管线和地下障碍物物探、设计一体化分为 T1 线、T2 线两个标进行招标，包括勘察、工程测量、管线和地下障碍物物探、初步设计（含方案设计）、施工图设计（含施工招标图纸设计）等工作内容。标段划分情况见表 5.1。

**表 5.1 勘察设计标段划分**

| 序 号 | 标段名称 |
|---|---|
| 1 | T1 线工程设计勘察一体化 |
| 2 | T2 线工程设计勘察一体化 |

2. 招标分析与思考

由于松江有轨电车示范线项目招标采用设计、勘察一体化招标的形式，在设定投标资质时，为了更好地发挥设计、勘察单位的优势，允许投标人组成联合体投标，并将招标资质设定为工程设计综合甲级资质或市政行业（轨道交通专业）甲级和工程勘察综合甲级资质或工程勘察专业资质专业甲级。

勘察、设计结合 T1、T2 两条正线实施勘察、工程测量、管线和地下障碍物物探、设计一体化打包招标，设计单位可以充分统筹把握设计方案，对项目完整性负责。由于项目招标涉及专业多，在进行一体化招标时，适当延长方案编制时间，提高投标人对设计方案特别是专业工程的设计深度。

## 5.1.2 正线施工及监理招标

1. 招标概况

考虑到永久性土建及轨道工程的施工接口减少，为了施工质量及工序转换顺畅，考虑将土建及轨道的招标有机结合在一个包件内，根据有轨电车完工通车节点及有轨电车T1线长约15.60 km、T2线长约15.12 km的线路长度，综合预计可能发生的施工工程量，将T1线和T2线沿线路走向划分为4个土建施工标段，并配置两个停车场施工标，见表5.2。

表5.2 土建施工标段划分

| 序 号 | 标 段 | 施工工作内容 |
| --- | --- | --- |
| 1 | T1线1标（辰塔路—松卫公路） | T1线路西起辰塔路车辆基地内的辰塔路站，沿荣乐西路、荣乐中路、荣乐东路、民益路、新镇街、新站路、新育路走行，东至新育路东侧、六磊塘南侧地块内的新桥站。其中本标段从辰塔路站至松卫公路，全长7.466 km，包含土建及轨道工程，具体为路基工程、桥梁工程、轨道工程、排水工程、天桥与车站的施工及装修、预埋管及接触网立柱基础、辰塔路车辆基地的轨道工程等 |
| 2 | T1线2标（松卫公路—新育路） | T1线路西起辰塔路车辆基地内的辰塔路站，沿荣乐西路、荣乐中路、荣乐东路、民益路、新镇街、新站路、新育路走行，东至新育路东侧、六磊塘南侧地块内的新桥站。其中本标段从松卫公路至新育路，全长8.103 km，包含路基工程、桥梁工程、轨道工程、排水工程、车站的施工及装修、预埋管及接触网立柱基础等 |
| 3 | T2线1标（三新路—梅家浜路） | 全长7.157 km，包含土建及轨道工程，具体为路基工程、桥梁工程、轨道工程、排水工程、天桥与车站的施工及装修、预埋管及接触网立柱基础辰塔路车辆基地等 |
| 4 | T2线2标（梅家浜路—锦昔路） | 松江区人民北路、广富林路、中创路、缤纷路、锦昔路。其中本标段从梅家浜路至锦昔路，全长8.013 km，包含土建及轨道工程，具体为路基工程、桥梁工程、轨道工程、排水工程、天桥与车站的施工及装修、预埋管及接触网立柱基础等 |
| 5 | 大学城停车场 | 大学城停车场工程主要包括停车列检线、检修库、调度中心及食堂、门卫，总建筑面积9 030 $m^2$；内容包括建筑及装饰、给排水及消防、动力照明、通风空调、室外道路、管线、绿化等附属工程 |
| 6 | 新桥停车场 | 总建筑面积3 417.3 $m^2$，并含附属工程及室外总体，不含变电所、工艺设备和轨道及轨道路基部分 |

在项目实施过程中，为了便于同期实施以及项目前期工作的协调性，又划分3个土建配套标段，见表5.3。

表 5.3　土建配套标段划分

| 序　号 | 标　段 | 施工工作内容 |
| --- | --- | --- |
| 1 | 配套道路Ⅰ标(松卫公路—新育路) | 包含道路荣乐路(松卫公路—曹农路)、民益路(曹农路—新车公路)、新镇街(新车公路—新站路)、新站路(新镇街—新育路)和新育路(新站路—六磊塘),工程全长约 7.780 km。配套工程主要包括:有轨电车建筑限界范围之外的全部道路拓宽、改造,桥头接坡,桥后搭板,相应的雨污水管线翻排等 |
| 2 | 配套道路Ⅱ标(三新路—梅家浜路) | 包含道路三新路(荣乐路—新松江路)、新松江路(三新路—人民北路)、人民北路(新松江路—梅家浜路),工程全长约 7.157 km。配套工程主要包括:有轨电车建筑限界范围之外的全部道路拓宽、改造,桥头接坡,桥后搭板,相应的雨污水管线翻排等 |
| 3 | 配套道路Ⅲ标(梅家浜路—锦昔路) | 包含道路梅家浜路(人民北路—嘉松南路)、嘉松南路(梅家浜路—广富林路)、广富林路(嘉松南路—中创路)、中创路(广富林路—缤纷路)、锦昔路(开明路—荣乐东路),工程全长约 7.157 km。配套工程主要包括:有轨电车建筑限界范围之外的全部道路拓宽、改造,桥头接坡,桥后搭板,相应的雨污水管线翻排等 |

监理招标的标段主要是对应正线土建、配套道路、四电集成等施工标段进行设置与划分,两个停车场也设置相应的监理标段。

2. 招标分析与思考

(1)资质设置

为确保投标人完全具备承担本项目的能力,需要对投标人资格要求进行设定。

有轨电车项目正线主体施工是在城市主次干路道路上进行,且正线施工标实施内容为永久性土建及轨道工程的施工,同时与配套道路工程紧密结合,综合考虑,对正线主体施工的投标人资格设置为:市政公用工程施工总承包一级及其以上及铁路铺轨架梁工程施工专业承包一级及其以上。

有轨电车停车场内专业施工项目较多,内容复杂,故对车辆段施工的投标人资格进行设定:

①大学城停车场:建筑工程施工总承包一级及其以上及铁路铺轨架梁工程施工专业承包一级及其以上;

②新桥停车场:建筑工程施工总承包三级及其以上及钢结构工程施工专业承包三级及其以上。

(2)招标模式的选择

T1 线和 T2 线采用了平行发包的模式,在招标方式上采用了"总承包+专业分包+指定材料"模式。这种发包模式的特点是将一个建设工程项目发包给一家资质符合要求的施工单位总包,其项目的主体结构由该总包方负责施工;部分重要专业工程进行二阶段招标,部分重要材料提前通过招标方式选定,并纳入总包方的管理范畴。整个项目的质量、进度由总包方负责。

采用这种方式优点在于:

①设计图纸达到扩初深度即可开始进行施工招标,缩短工程总工期,总包单位确定后可

提前进场，并分担项目的管理和协调工作。

②将图纸未达到深度的可放入专业分包，解决了总包自行转包专业项目，减少了对专业工程管理失控的问题，通过二阶段招标的方式，也有效保障了各专业分包工程的施工单位资质及施工质量。

③便于选择专业分包、指定材料供应商，同时保留总包单位责任，各实施单位职责明确，且能发挥总包单位在施工及施工现场场地管理中的长处，有利于整个项目的进度、投资和质量控制。

④由于保留了部分认为有必要加强管理和控制的专业工程分包人及指定材料的自主选择权利，对整个项目的进度、质量的投资控制是比较有利的。

⑤在合同履约过程中，管理工作可通过突出管理重点来提高管理效率。同时招标工作量也有一定程度减少，管理重心能够有效转移。

⑥在工程实施过程中，由于现场只有一个施工企业，对现场场地使用产生交叉干扰少，同时进场费、临时设施费、措施费也会减少。

采用上述"总承包＋专业分包＋指定材料"模式，其重点与难点是：

①此种发包模式，需在招标文件中事先约定总、分包工程界面接口，指定材料的现场管理责任，在总分包合同中明确及锁定相互之间配合协调工作的内容和职责，因此对招标工作的业务要求极高。

②总包与各专业分包、指定材料供应商之间界面的划分，是总包与各分包、指定材料供应商开展具体工作的依据，必须减少施工管理过程中的随意性。

③需要明确，执行和完成合同文件所述的本工程不可或缺的各专业分包工作范围之外的工作和责任都属于总包的责任，不论它们是否在界面划分中有所说明。

④需要总承包商充分发挥作用，有效利用总包管理的综合组织、协调和控制能力。

## 5.1.3 四电集成施工招标

1. 招标概况

松江有轨电车示范线项目的四电集施工成分为 T1 线、T2 线两个标进行招标，具体内容为供电、接触网、信号、通信（含票务）系统提供符合工程要求的所需的设备、材料、软件以及所有相关附件的技术方案和接口澄清、文件交付、工厂测试/统调、供货、运输、仓储、工程接口协调、施工安装、调试、联调、测试、第三方检测、开通、货物保护和工程照管、验收、培训、交付招标人使用、实物及资产移交以及在规定期限内的保修、维护和技术咨询等服务。标段划分情况见表 5.4。

**表 5.4 四电集成施工标段划分**

| 序 号 | 标段名称 |
|---|---|
| 1 | 松江有轨电车示范线项目 T1 线四电集成（含供电、接触网、通信安装、信号安装、票务设备安装）施工总承包 |
| 2 | 松江有轨电车示范线项目 T2 线四电集成（含牵引变电所、接触网、通信安装、信号安装、票务设备安装）施工总承包 |

2. 招标分析与思考

四电集成招标包含供电、接触网、通信安装、信号安装、票务设备安装多个专业，为确保中标人完全具备承担本项目的能力，对四电集成施工总承包单位的投标资格及业绩设置如下：①具有铁路电务工程专业承包一级及其以上资质；②具有铁路电气化工程专业承包一级及其以上资质；③具有机电工程施工总承包一级资质及其以上资质；④投标人近五年具有城市轨道交通供电系统中牵降变系统总承包业绩且具有城市轨道交通供电系统中接触网总承包业绩；⑤投标人近五年具有城市轨道交通正线通信及运行控制系统施工业绩(不含分包)；⑥不接受联合体。

在详细评审时，通过突出对施工方案技术措施，设备选用和技术服务，综合能力中有轨电车、城市轨道交通四电集成业绩等方面考察投标单位的资质和能力。

### 5.1.4 采购招标

1. 招标概况

松江有轨电车示范线项目机电设备及材料的招标采购主要按照系统或设备的技术属性划分标段，分为设备单独采购和甲招乙供两种招标采购方式，具体分标情况见表 5.5 和表 5.6。

(1)设备单独采购

**表 5.5 设备单独采购内容划分**

| 序 号 | 招标内容 |
|---|---|
| 1 | 松江有轨电车示范线项目车辆采购项目 |
| 2 | 松江有轨电车示范线项目信号控制系统采购项目 |
| 3 | 松江有轨电车示范线项目通信系统设备集成采购 |
| 4 | 松江有轨电车示范线 T1、T2 线工程段场工艺设备采购招标(第一批) |
| 5 | 松江有轨电车示范线项目票务系统集成采购 |
| 6 | 松江有轨电车示范线项目 T2 线——大学城停车场运行控制系统工程 |
| 7 | 松江有轨电车示范线 T1、T2 线工程段(场)工艺设备(第二批)采购招标 |

(2)材料及设备采购(甲招乙供)

**表 5.6 材料及设备采购(甲招乙供)内容划分**

| 序 号 | 招标内容 |
|---|---|
| 1 | 松江有轨电车示范线项目钢轨柔性包覆材料供应采购(包件一：T1 线) |
| 2 | 松江有轨电车示范线项目钢轨柔性包覆材料供应采购(包件一：T2 线) |
| 3 | 松江有轨电车示范线 T1、T2 线扣件系统供应采购 |
| 4 | 松江有轨电车示范线 T1、T2 线钢轨材料供应采购 |
| 5 | 松江有轨电车示范线 T1 全线、T2 全线道岔材料供应采购 |
| 6 | 松江有轨电车示范线项目交流屏、直流屏设备采购 |
| 7 | 松江有轨电车示范线项目整流器设备采购 |
| 8 | 松江有轨电车示范线项目直流开关柜设备采购 |

续上表

| 序 号 | 招标内容 |
| --- | --- |
| 9 | 松江有轨电车示范线项目 10 kV 开关柜设备采购 |
| 10 | 松江有轨电车示范线项目 400 V 开关柜设备采购 |
| 11 | 松江有轨电车示范线项目整流变压器、配电变压器设备采购 |
| 12 | 松江有轨电车大学城调度中心综合显示屏采购 |

2. 招标分析与思考

有轨电车机电设备及材料的招标将技术关键、竞争激烈且能够单独于系统的设备单独采购，这种采购方式可以更直接地选定合格供应商，有效避免总承包单位自行采购可能存在延误工期的可能性。

有轨电车机电设备及材料的招标采购在招标文件通过对投标人的资质、技术、拟定的项目组人员以及准备投入的机械设备等方面进行设定，从而评选出符合工程质量技术等要求的投标人，保证后续实施的单位具有建设项目的基本实力，提高了项目的潜在投标人的综合水平。

## 5.2 投资管理措施

### 5.2.1 合同管理

松江有轨电车示范线项目签订的合同共 81 个，包括服务类合同 16 个，前期搬迁工程合同 14 个，设计合同 4 个，施工合同 11 个，监理合同 11 个，设备采购合同 7 个，材料及设备采购(甲招乙供)合同 12 个，专业工程合同 6 个。合同管理是项目投资控制中非常重要的一环，需对合同具体内容进行谈判和交底，同时必须建立清晰完整的合同台账。

1. 合同谈判

合同谈判首先是对招标文件中的合同条款进行具体细化，例如，预付款扣回的具体方式及时间、保证金具体如何退还以及其他特殊条款的完善等；其次是技术方案，特别是其中车辆采购合同，因投标时方案较粗，在得到建设单位进一步解释后，中标单位需对每一个系统进行细化，以确保今后项目实施的准确性。

2. 合同交底

由于各单位在投标、合同谈判、实施阶段的人员会有所调整，因此在合同签订后，还需对施工单位的最终执行人员进行必要的合同交底，最为常见的就是各单位验工计价的交底。例如，为确保审核的及时有效性须统一表式、统一出口；为确保支付的及时性，须统一时间上报，对预付款的扣回、措施费的计取进行进一步明确。

3. 合同台账

为便于合同管理，须建立合同台账，包括合同执行情况、招投标文件、财务监理意见书、设计变更、签证等。合同台账的完整性及更新的及时性，可及时反映工程的进展情况，并进行有效的投资控制。

## 5.2.2 支付管理

依据松江有轨电车示范线项目与各中标单位签订的合同，按照工程实际进度，审核支付金额是否符合合同约定的付款条件和付款方式，并及时组织财务监理编制拨款建议书，确保每笔资金的合规性、及时性，以确保投资控制。

1. 预付款支付

合同签订后，施工单位上报工程预付款审批表，根据合同约定需提交相关资料(包括但不限于履约保函、预付款保函等)进行审核，并组织财务监理出具支付意见书。

2. 工程进度款支付

严格按照项目合同规定支付工程进度款，严禁超付多付。组织施工单位在开工后一个月内针对施工招标图纸工程量上报一个月清单调整，由财务监理审核并经建设单位确认后，才能支付第一次工程进度款。一个月清单调整确认后，施工单位应及时上报资金使用计划(根据清单报价子目计算的工程款使用计划)。组织施工单位于每月 20 号前上报经施工监理确认的工程进度款报审表，次月 20 日前，组织财务监理按照施工合同出具支付意见书。

3. 其他费用支付

严格根据合同条款，进行付款节点及成果报告的审核，并组织财务监理出具支付意见书。

4. 用款计划编制

组织财务监理分析工程概算及组成，确定过程中投资控制目标值、报警值，并根据工程的节点要求及时编制工程总用款计划和实施过程中的年、半年的用款计划以及投资完成报表、财务用款计划报表等。

## 5.2.3 设计变更造价审核管理

设计变更是指对设计文件进行修改、完善、优化。松江有轨电车示范线项目为全财政项目，因此需严格控制设计变更，严禁通过设计变更擅自扩大建设规模、提高设计标准、增加建设内容，以确保投资控制。

(1)根据工程进展，审查设计变更签证等资料，设计变更通知书必须由原设计单位下达，通知书中必须有设计人员的签名和设计单位的印鉴。

(2)审查重大设计变更是否在规定时间内与建设单位协商并及时处理，处理程序是否合规，与设计概算对比是否超过批准概算。

(3)审查施工、设计、监理、建设单位提出的洽商变更原因是否合理、必要、经济，有无扩大建设规模和提高标准等问题。

(4)审查洽商单的内容及工程量是否与现场实际相符；签认手续是否合法、完备；建设单位、监理、施工单位是否都签字认可；严禁补报补签洽商。

(5)施工单位对设计变更或洽商引起造价调整，应在 7 天内及时编制设计变更或洽商的报价，经监理单位和建设单位确认后，由财务监理单位进行初审，逾期可视为纯技术洽商不涉及造价调整。

(6)设计变更的实施情况检查:变更内容是否已全部实施,若原设计图已实施,需注明原图制作加工、安装、材料费以及拆除费;若原设计图没有实施,则要扣除变更前部分内容的费用。若发生拆除,已拆除的材料、设备或已加工好但未安装的成品、半成品,均应由建设单位回收。

### 5.2.4 竣工结算管理

竣工结算是最终确定建设项目总投资的一个重要环节。建设单位应根据合同、招投标文件、竣工图、施工图预算、设计变更、有效变更签证、验工月报等依据性资料,进行项目建设竣工结算工作,并组织财务监理出具决算报告,以确保审核质量,使经审核的结算全面、客观、真实地反映工程实际,从而达到合理确定造价、有效投资控制的目的。

# 6 工程前期管理

## 6.1 交通组织管理

### 6.1.1 重、难特点分析

当代城市交通形势日益严峻，道路交通拥堵情况逐渐增加，市政工程在施工期间往往无法采用封闭社会交通的形式，必须统筹考虑周边交通需求，进行专业设计，并在施工期间分阶段实施到位。交通组织是按照设计和施工需求，对影响道路的交通通行情况进行设计和组织实施，既满足施工需要，又将对社会交通的影响降至最低。交通组织是工程前期的重要组成部分，是工程能否顺利实施的关键影响因素之一。

有轨电车采用路中敷设、路段专用、路口混合路权的形式。T1、T2 两条示范线分别在松江新老城区主干道施工，交叉道口较多。由于施工期间的机械设备和运输车辆频繁进出施工场地，使中心城区原本就拥挤的道路变得更加繁忙和拥堵。交通拥挤问题又会反向影响路基及轨道敷设的施工进度、质量和精度，因此制定合理的交通组织方案至关重要。

由于荣乐中、西路(辰塔路—松卫公路)大中修项目先期已经立项，并且区政府决定大中修项目结合有轨电车项目一并实施，两个项目相互交织，涉及建设主体、施工场地移交及进场顺序、施工工序搭接等一系列问题需要沟通协调，稍有不慎便可能会产生质量隐患和工期延误，甚至影响有轨电车的通车运行。

### 6.1.2 交通现状分析

T1 线位于荣乐路和民益路，T2 线位于新松江路和广富林路，对周边道路交通的影响北至辰花路，南至松汇路，东至辰塔路，西至新镇街。其中，荣乐路、辰塔路、嘉松南路、人民路、文翔路是主干路。同时，T1、T2 线位于沪昆高速公路(G60)两侧，T2 线有两个节点需穿越沪昆高速。现状路网共有道路节点 105 个，路段 172 条。针对现状交通流量特征，对现有的交通组织措施包括单行线、左转禁行、直行禁行、道路中央隔离措施均进行了研究。现状路网流量如图 6.1 所示。重点交叉口位置示意如图 6.2 所示。

T1 线主要途经荣乐路—民益路—新桥镇，该线路为松江区老城区主干道，交通流量及密集程度为松江区最高的区域，沿线为松江区老城区商业、办公、居住、工业开发区密集布置区域，为保障通行需求，需着力解决道路封闭施工所占用的道路资源及交叉道口的通行能力问题。该线路交通流量潮汐现象明显，且沿线行驶的公交线路众多，通行能力在施工阶段受

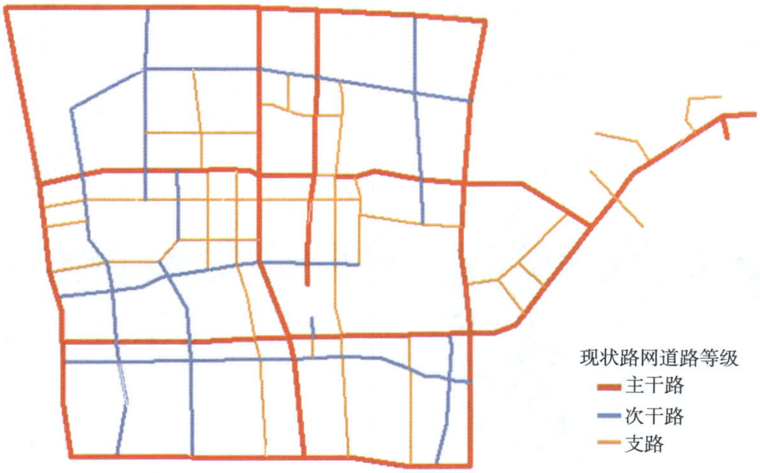


图 6.1　现状路网流量

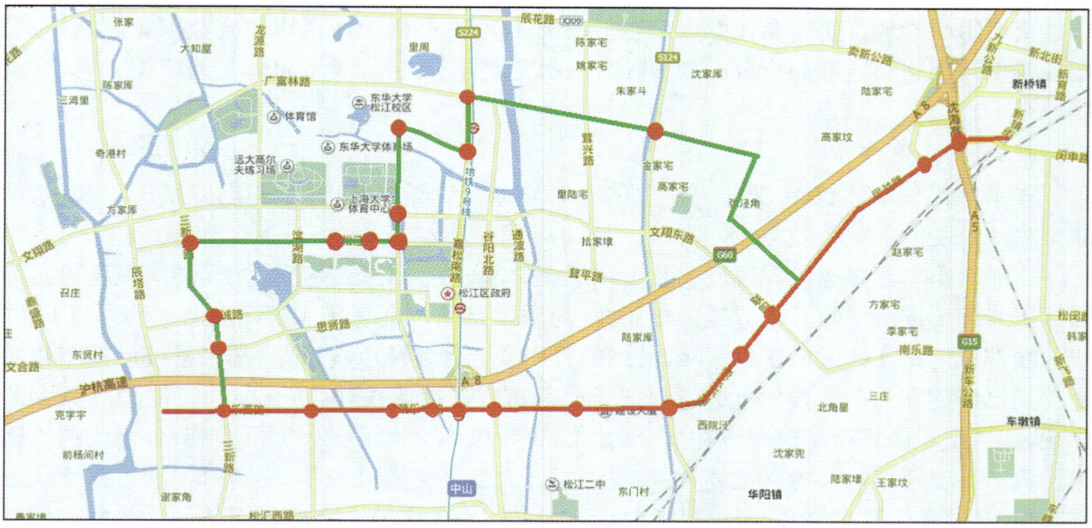


图 6.2　重点交叉口位置示意

到较大影响；进入施工阶段，施工所需的大型设备、材料运输、重型车辆进出施工现场对交通通行影响巨大。T1 线影响道路情况见表 6.1。

表 6.1　T1 线影响道路情况

| 路　名 | 路　段 | 车道数 | 机非分隔 | 相交信号交叉口数量 |
| --- | --- | --- | --- | --- |
| 荣乐西/中路 | 辰塔路—人民路 | 4 | 是 | 6 |
| 荣乐中/东路 | 人民路—松卫北路 | 6 | 是 | 7 |
| 荣乐东路 | 松卫北路—新庙三路 | 6 | 是 | 6 |
| 民益路 | 新庙三路—新车公路 | 4 | 是 | 2 |

T2线主要位于松江区新城区，途经三新北路—松江大学城—广富林路工业开发区。该线路主要途经松江区新城区的大型居住社区、大学城及工业开发园区，周边环境优美，人员密集程度较低，但对环境保护要求极高。由于该区域主要为居住社区、大学城及工业开发区，交通流量情况相对稳定且密集程度适中，占据道路资源进行施工后对交通流量影响同样相对稳定，动态变化较小。T2线影响道路情况见表6.2。

表6.2　T2线影响道路情况

| 路　名 | 路　段 | 车道数 | 机非分隔 | 相交信号交叉口数量 |
| --- | --- | --- | --- | --- |
| 三新路 | 荣乐路—新松江路 | 4 | 是 | 5 |
| 新松江路 | 三新路—人民北路 | 6 | 是 | 5 |
| 人民北路 | 新松江路—梅家浜路 | 4 | 是 | 3 |
| 广富林路 | 嘉松南路—沪松公路 | 4 | 是 | 6 |

## 6.1.3　管理措施

交通组织管理首先需委托专业交通组织设计单位，明确交通组织研究范围及原则，对沿线各条道路现状交通进行分析，实地调研，编制交通评价报告，制定总体交通组织方案，并组织评审。

1. 制定总体方案

根据项目总体计划，将交通组织总体方案分为管线迁改及市政配套、路基工程施工、铺轨工程三个阶段。

交通组织方案重点为管线迁改及市政配套阶段。管线迁改及市政配套的实施主要是为后续正线施工进行清障及创造施工作业面，为后续路基及铺轨施工奠定基础。由于T1、T2线选线都位于松江区人口密集区域，沿线的公用事业管线及市政道路、排水系统已排布相对完善且已经饱和。在此条件下进行管线迁改及市政配套改扩建，对交通通行能力有巨大的影响，交通组织的重点考虑应放在这个阶段。该阶段的交通组织分标段实施，分标段的原则依照大型平交道口的位置进行划分，主要考虑到大型平交道口的管线分布情况（过路管线排布密集，迁改量大且周期长）及对交通流量造成的影响等内容。分标段实施的优势在于可有效缓解交通压力，减少交通压力对施工进度和作业面的影响；劣势在于费用较高，短期内将进行多次微小型翻交（平交道口翻交）。

在重点完成第一阶段（管线迁改及市政配套节段）的交通组织后，进入到第二、第三阶段施工，交通组织进入相对较长的稳定期，后续交通组织方案将趋于稳定，重点在于保障各平交道口施工期间的翻交平稳过渡。

(1)管线迁改及市政配套阶段

配合管线迁改及市政配套方案，结合交通组织改道，进行多次翻交，积极创造施工作业面，是交通组织管线迁改及市政配套阶段的重点，这个阶段也是工作量最大的阶段。

这个阶段主要考虑施工需求，结合管线迁改及市政配套开展交通组织方案研究，在具备条件的情况下，争取减少翻交次数，并尽可能采取直线通行道路，提高道路通行能力，减小翻交引起的交通压力。

(2)路基工程施工阶段

路基工程施工阶段,需根据施工计划制订交通组织翻交计划。主要节点为平交道口,根据平交道口的半径大小采取环岛式或分幅施工的方案进行交通组织,以确保交通通畅。

(3)铺轨工程施工阶段

铺轨工程施工阶段原则上与路基施工阶段采取的交通组织方式及方案相同。在几大岔区施工时,由于岔区的翻交时间较长且翻交区域较大,需结合施工进度、施工质量及施工设备的需求一并考虑交通组织。

2. 信息发布

(1)大众媒介发布

通过地方电视台、交通电台等传统媒体进行信息公布,并积极走访沿线单位(特别是学校、医院等)进行交通组织改道方案告知。

(2)新媒体形式发布

通过移动终端设备,利用新媒体信息渠道,例如微博官方账号、微信官方公众号、官方及新闻类 App 等形式进行信息公布。通过这些新媒体形式的信息发布,做到及时高效的信息公开。

(3)现场周边地区设置告知牌

提前在现场周边道路设置告知牌,提早对行人、行车进行告知,并配备相应的交通疏导指示简图,便于提早引起行人、行车注意交通组织改道,做好疏散准备。

3. 应急预案及处理措施

编制各阶段的交通组织应急预案,主要针对交通翻交中可能出现的,预期不足的交通压力采取一定的应急响应措施。

考虑预留可变车道的可能性和条件,做好潮汐流量变换的准备,并就周边疏散道路进行走访,创造疏散条件,做好快速疏散的可能性。重大节点改造(闵申跨线桥改造)采取全封闭措施,打通周边道路,对区域交通重新组织,以确保安全及通行要求。

### 6.1.4 交通组织实施

1. T1 线

T1 线位于松江区老城区内,是松江区最为繁忙的商业地区及交通流量最为密集的地区,线路沿线道路主要为 4 快 2 慢车道布置,交通组织压力巨大。有轨电车分布基本位于道路中央,沿线主要采取了先拓宽部分狭小路段市政道路以及合理渠化大型交叉路口车道,后进行道路中央(施工区域)围挡翻交的方式进行交通组织。

(1)荣乐西/中路(辰塔路—人民路)

该路段为 4 快 2 慢车道布置,交通流量相对较低,在荣乐中路新松江路路口(交通流量较高)进行道路拓宽和路口渠化,增加转弯车道以缓解道路通行压力。荣乐西/中路(辰塔路—人民路)路段航拍如图 6.3 所示。

(2)荣乐中/东路(人民路—松卫北路)

该路段为 6 快 2 慢车道布置,交通流量巨大,是松江区老城区交通最为繁忙的路段和商业地区。在荣乐中路人民路路口、荣乐中路谷阳北路路口、荣乐中路方塔北路路口、荣乐中路松卫北路路口(交通流量均较高)进行道路拓宽和路口渠化,增加转弯车道以缓解道路通

图 6.3　荣乐西/中路(辰塔路—人民路)路段航拍

行压力;由于该路段沿线基本为商业地区或企事业单位,对原本可进行“左进左出”的出入口都改为“右进右出”,以保证道路中央封闭施工的连续性,并在大型路口根据交通流量,调整行车相位,增设调头道,以满足左转车辆需求。荣乐中/东路(人民路—松卫北路)路段航拍如图 6.4 所示。

图 6.4　荣乐中/东路(人民路—松卫北路)路段航拍

(3)荣乐东路(松卫北路—新庙三路)

该路段为 6 快 2 慢车道布置,交通流量较高,是松江区老工业区,由于该路段沿线基本为大型工厂厂区,沿线车辆多且为大型重载车辆,行车转弯半径大,厂区出入口长度长。在道路中央施工围挡后,对原本可以进行左进左出的出入口都改为右进右出,以保证道路中央封闭施工的连续性,并在大型路口根据交通流量,增设大型车辆专用调头道并布置在行车道最右侧,以满足大型车辆掉头行驶的转弯半径需求;在荣乐东路(东兴路—新庙三路)路段在道路两侧全面进行道路拓宽,各增加 1 条机动车道,在荣乐东路东兴路口、荣乐东路联阳路路口、荣乐东路曹农路路口、荣乐东路新庙三路路口进行道路路口渠化,增加转弯车道以缓解道路通行压力。

(4)民益路(新庙三路—新车公路)

该路段与荣乐东路(松卫北路—新庙三路)情况相似,主要交通组织难点位于新车公路路口。该路口范围超过 100 m,且需结合闵申跨线桥改造一并考虑。针对该路口,采取岛式翻交,即先将路口中心位置进行围挡施工,再分幅翻交,是周期最长的翻交路口。

2. T2 线

(1)三新路(荣乐路—新松江路)、新松江路(三新路—人民北路)、人民北路(新松江路—广富林路)

该路段主要位于松江区新城区商业、居住社区、大学城区域内,交通流量相对较低,且该路段原道路中央有景观绿化中央分隔带,故对该路段的交通影响及交通组织压力相对较小。交通组织方案主要针对如何过路口及转弯段的施工对交通带来的影响。

由于该路段路幅相对较宽,基本都为 4 快 2 慢或 6 快 2 慢道路设置,具备较好的组织条件,在过路口的施工主要采取的是分两幅翻交进行施工,施工完成后重新开放交通,保证周边地区的交通畅通。

(2)广富林路(人民北路—中创路)

该路段全线位于广富林路,途经松江万达广场商业区以及松江新城工业区,该路段路幅相对较宽,基本都为 4 快 2 慢车道设置。根据现场实际测算,该路段交通流量较低,具备较好的组织条件。该段同样采取道路中央围挡的方式进行道路翻交,并在部分路段进行道路拓宽,在大型路口(广富林路光星路、广富林路沪松公路)进行道路渠化并增设转弯车道;由于日常交通流量偏低,在过路口的施工同样采取的是分两幅翻交进行施工,施工完成后重新开放交通,以保证周边地区的交通畅通。

3. 沿线桥梁

(1)荣乐路市政道路桥梁(沈泾塘桥、通波塘桥、洞泾港桥)

该三座桥梁为荣乐西、中、东路上较具有代表性的主要市政道路桥梁,均为 20 世纪 90 年代荣乐路大修时进行了拓宽翻建的桥梁,板梁结构、4 快 2 慢车道及双侧人行道布置,在桥梁两侧都有市政公用管线随桥过河。

有轨电车选线基本位于既有市政道路中央,在跨越桥梁时原则上都采取中央围挡,两侧翻交的方式组织交通。但由于桥梁路幅固定,且都为板梁结构,必须先行进行桥梁改造再进行围挡翻交。故在桥梁段施工时交通组织需分为两个阶段实施。

第一阶段,先对桥梁进行拓宽并考虑原桥管过河的方案(河底顶管或桥管迁改)。该阶段为提供施工作业面需压缩既有通行车道,或将既有人行道封闭,将非机动车道调整为人非混行,翻交后实施桥梁拓宽。

第二阶段,拓宽后针对桥梁中央车道进行围挡,实施有轨电车正线工程。该阶段将交通翻交至两侧桥梁新拓宽车道上,并在完成有轨电车正线范围施工后,对整个桥面板梁进行调整,以满足桥梁荷载及使用要求。

两阶段桥梁交通组织时间周期较长,周期基本都在 6 个月左右,交通通行压力巨大,是施工阶段较难避免的“阵痛期”。

(2)闵申跨线桥

该桥梁为松江区新桥地区连接闵行区马桥地区、跨越沪杭铁路的跨线桥,桥梁规模较大，是西南地区连接闵行松江两区跨越铁路的重要通道，两侧连接道路分别为松江区新镇街与闵行区闵申路。桥梁为现浇连续小箱梁结构，4 快+2 人非混行车道布置。

该桥梁在松江区新镇街接地，位于道路中央。根据有轨电车的方案，跨线桥上下匝道正好位于有轨电车行进线路上。另由于该桥梁承担较大交通流量、长时间满负荷使用，考虑到今后发展需要，预测交通流量仍会逐步增大，为提高通行率，结合有轨电车的选线方案，该桥梁的改造将采取在新镇路两侧增设两条定向上下匝道，并拆除原合并上下匝道的实施方案。基于上述情况，闵申跨线桥将采取交通全封闭的形式进行改造施工。

建设单位从项目初期就启动了关于该桥梁改造施工阶段的交通组织研究，并经过了多次交通组织专家评审，并与市区两级交警部门积极协调，最终在压缩工期并打通周边路网的条件下，确定了交通全封闭的交组实施方案。方案执行前，各参建方高度配合并积极准备，就周边路网进行拓宽、打通，并扩大范围进行道路通行及绕行提示，有效提早分流疏导、缓解地区交通压力。该全封闭方案实行 8 个月，不仅最大化地创造了施工作业面，保证了桥梁改造及有轨电车的施工质量，而且还大大降低了施工安全风险。改造完成后的闵申跨线桥投入使用后，目前使用效果良好，提升了通行能力，起到了缓解交通压力的作用。

(3)新松江路桥

该桥梁位于新松江路龙源路以西，属于松江新城区，是跨越沈泾塘过河桥梁，也是松江新城建设时一并实施的桥梁。桥梁整体结构较新，为板梁结构、6 快 2 慢车道及双侧人行道布置，交通流量相对较低，在桥梁中间有市政公用管线随桥过河。

考虑到该区域多为居民住宅区，交通流量潮汐现象显著，但日常交通压力较小，故在该桥梁实施时，采取的是道路中央围挡，将人行道改为人非混行道路，非机动车道改为小型车辆行车道的翻交方式，并在桥梁东西两侧设置了可变车道以应对潮汐车流问题。

该交通组织方式有效减少了工程投资，缩短了施工时间，对交通影响程度有限，并更为合理地安排了施工作业面，较好满足了施工期间的交通需求。

## 6.2 管线迁改管理

### 6.2.1 重、难点分析

在现有市政道路上施工，难免碰到各类市政管线，常见的有雨污水、上水、电力、燃气、信息等管线，可能还会碰到热力、航油、原水等特殊管线。做好管线迁改管理，就是要合理统筹安排，既满足施工需求，又将对市政管线的影响降到最低。

T1 线由于贯穿了整个松江老城区，其地下管线的迁改将是整个前期工作的重心。松江老城区地下管线分布较为密集、管线量巨大，在工程前期开展时如何做到管线迁改及时、符合工程建设进度要求，以及如何提高管线迁改效率和控制迁改费用都是需要攻克的难题。同时，由于老城区发展久远，相关道路多次抬升、翻修，大量地下管线位置及埋设深度均发生较大变化，导致管线物探困难或与原图位置不符，也会给施工带来很多不确定性，从而影响施工进度甚至造成管线安全事故。

### 6.2.2 管理措施

管线迁改要提前筹划，制订合理的管线迁改方案，及时委托专业单位向管线权属单位递交迁改申请，商谈迁改费用及可能发生的补偿事宜，做到及时、合理、有序，积极创造施工作业面。

1. 管线摸排

根据项目规划要求，结合项目选线范围及有轨电车的行进路线，对现场既有地下管线做全面摸排，主要针对各个平交道口的管线排布情况，明确迁改范围。

2. 管线相关行政许可

根据市、区两级不同的规划及施工要求，及时办理管线迁改的各类相关行政审批手续，为迁改实施奠定基础，确保迁改的合法合规性。

3. 管线迁改原则

以控制成本、节约工期为原则，根据管线排摸报告及现场实地勘察的对比结果，制定最为合理的管线迁改方案，有效配合主体工程的施工。

4. 管线迁改计划

针对施工组织方案及管线迁改方案，以就重避轻原则，结合工程实际开展进度，衔接管线迁改和主体工程施工的节奏，合理分配时间、有效利用场地空间。

根据施工总体计划，分阶段、分标段制订管线迁改计划，并结合地下管线的埋设深度合理安排各不同类型的管线单位进场施工，做到整体有序，并严格落实迁改计划。

5. 管线迁改推进落实

为保证落实和有序实现管线迁改计划，应全面开展与管线权属单位及迁改实施单位的协调联系工作，结合施工进度需求，积极推进管线迁改的进度，创造施工工作面。建立管线迁改推进周例会制度，及时掌握并汇总各类管线的情况及施工进度，结合有轨电车正线施工的进度需求，及时调整完善管线迁改方案和计划，并在现场解决管线迁改工程在施工过程中所遇见的一系列困难及问题，做到动态把握、执行有力、计划落实，切实有效地完成管线迁改工作。

### 6.2.3 管线迁改实施

1. 管线摸排

松江区在撤县组区之前，管线权属管理一直是由区内自行掌握，根据调研情况，涉及的上水、低压电力、燃气都由区权属单位进行管理，而高压电力、电信、信息、路灯都由市属权属单位进行管理。

基于上述情况，管线原始资料存在重复存档或不全的现象，在管线迁改实施前做了大量的现场实地摸排。首先委托具有资质的专业物探单位对地下管线进行物探定位工作，采取仪器探测及开挖样洞两种相结合的方式，并积极走访各家权属单位查阅历史资料（松江区档案馆等），出具详细而准确的管线报告，梳理明确管线的走向及埋设深度；其次根据线路走向、道路拓宽需求（路口渠化）、平交道口架空线跨路口的净高等情况，对线路沿线的架空线迁改需求进行摸排梳理，实地踏勘现场进行测量复核，以确定实际管线数量和管位情况；最后根据摸排结果，按各管线专业再组织力量进行细致的现场管线比对、梳理工作，明确需迁改管线的种类、规格、数量及权属单位,减少遗漏管线。

2. 管线迁改委托方式及其迁改措施

管线迁改委托方式有管线权属单位窗口报送和专业单位委托两种方式。

对于需要管线权属单位窗口报送的,应分阶段开展报送。根据施工总体计划进行管线迁改计划的制订,编制详细的迁改方案,分阶段、分批次报送权属单位窗口,并在报送后积极主动与权属单位开展方案交流及协调工作。在松江有轨电车示范线项目中,上水、电力、燃气、路灯都采取了向权属单位窗口报审申请迁改的流程。该流程为公用事业管线一般常规流程,如图 6.5 所示。

对于需要开展专业单位委托类管线迁改的(主要为信息管线),应提前进行管线迁改委托,并在委托协议中对迁改工期及迁改费用进行严格约定,加强管控。

(1)管线权属单位窗口报送方法及管线迁改措施

在管线迁改流程上,按照权属单位通常做法,向权属单位提出申请后,主要对迁改方案进行协调及推进,全面考虑和平衡迁改的时效性及经济性,积极创造迁改工作面和迁改管位,并针对现场的情况,统筹协调进行施工配合,落实具体迁改工作。

权属单位窗口报送进行迁改的流程中,其中需要先缴纳迁改费用,后实施迁改施工。鉴于有轨电车涉及范围广、时间周期长的问题,针对缴费情况,建设单位积极与权属单位进行沟通。对由区权属单位进行管理的上水、低压电力、燃气管线,通过区建交委及区分管领导协调,采取“签订预算合同,后期结算”的方式进行迁改,大大提高了迁改效率并有效推进了工程进度;对由市属权属单位进行管理的高压电力、路灯管线,通过协调,采取签订战略协议的方式,先明确迁改整体范围和大致工作量,以开口合同的方式实施,不仅有效地推进了迁改的进度,而且在后期按实结算上有效控制了迁改的费用。

在考虑迁改方案时,报送窗口后,需要与管线权属单位沟通,并以“先地下、后地上”的原则实施管线迁改方案。

首先,优先考虑各平交道口特别是有轨电车路口曲线段的地下管线迁改。由于各平交道口的管线排布复杂多样,需优先选取并安排落实管位。例如,T2 线新松江路人民北路路口转弯区段,为松江新城地区一个较大的平交道口,地下管线分布密集,四个过街路口下方都设置了管线,且所有管线种类全部涵盖。针对该路口,建设单位组织现场踏勘,按照管线种类与不同管线权属单位进行实地摸排,并结合道路拓宽以及道路两侧绿化带空间讨论迁改管位的可能性;严格查阅权属单位资料,对该路口的非开挖敷设管道(拖拉管线)进行调查,由于非开挖管线埋设深度一般在路面 5 m 以下,为确保正线桩基施工,针对非开挖管线范围进行有轨电车路基方案调整,避让非开挖管线;而开挖敷设管线,采取统一重新调整管线规划方案,采取绕行的方案整体避开转弯区段,一并搬迁。

其次,针对架空线搬迁方案进行充分探讨。由于架空线多位于人行道外侧,主要受制于市政道路拓宽及路口渠化的影响,在有条件的路段结合架空线入地一并实施,不仅可有效减少道路架空线,并且可以实现入地过路口,满足有轨电车对车辆通行净空的需求。例如,T1 线东段位于松江区老工业区范围,道路路幅较宽,且道路两侧都有绿化带,故针对该路段架空线采取了整体入地的迁改方式,不仅拓宽了道路,为交通组织也提供了有利条件,而且一次完成了架空线迁改,避免了二次迁改,节约了工期和投资。

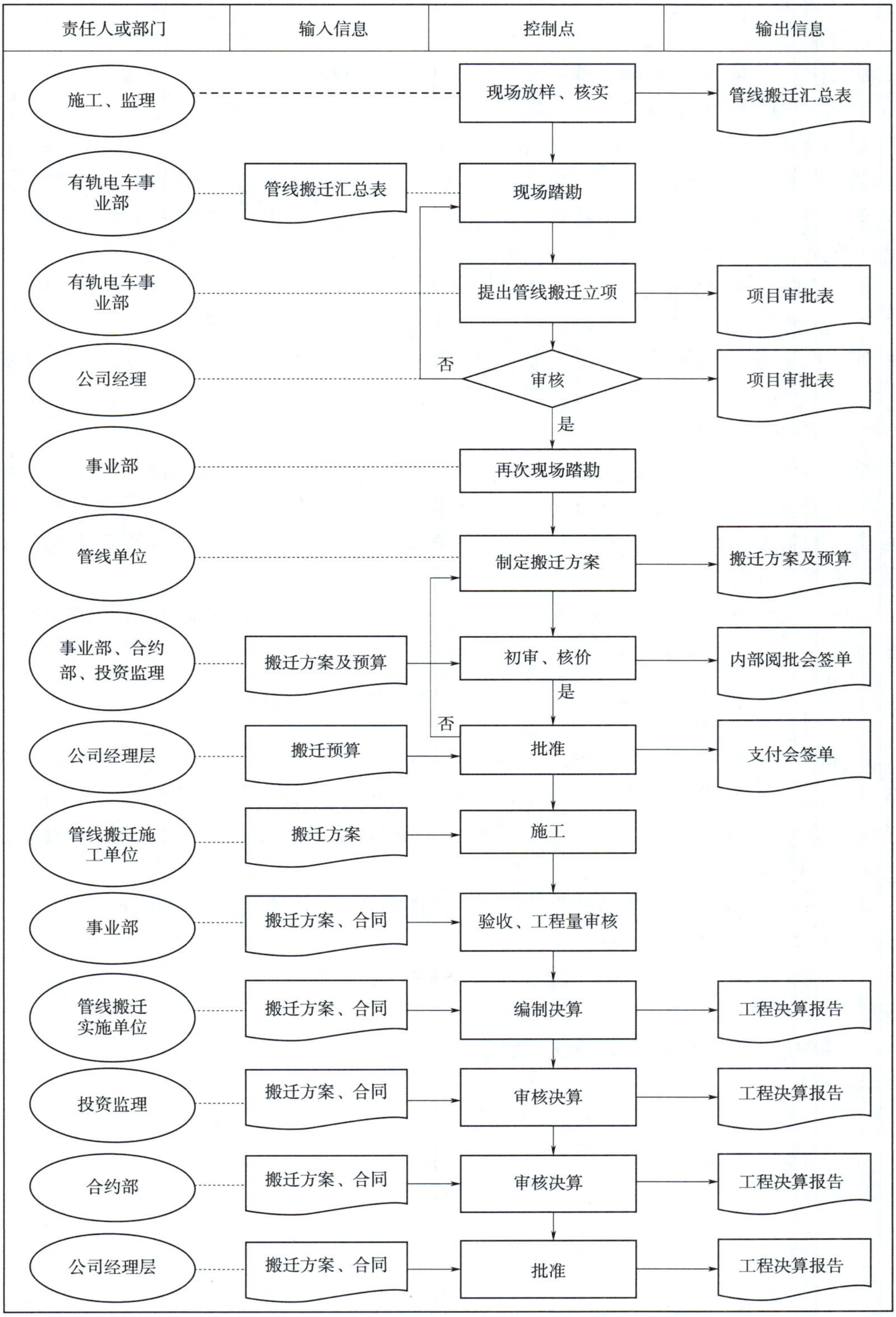


图 6.5　管线迁改申请流程图

(2)专业单位委托及管线迁改措施

考虑到松江有轨电车示范线项目电信及信息的管线数量及权属单位繁多,为了统一推进及提高迁改效率,采取了委托第三方专业迁改单位实施的方式。

在迁改流程上,主要根据现场实际情况,由正线施工总包单位提出施工作业受影响的管线范围进行初步的工作量核算提报建设单位,再由建设单位连同第三方迁改单位进行现场核实,并组织迁改方案讨论,方案确认后由第三方迁改单位出具迁改预算,报建设单位审价确认后,即进场实施迁改。合同签订方式为框架协议,明确迁改电信及信息管线的单价,待最终迁改全部完成后,以竣工图形式上报建设单位核准迁改工作量,按实结算。

由于信息管线的类型、材质以及敷设方式大致相同,但分属的权属单位众多,以第三方委托的方式可大大简化与多家权属单位沟通申请的流程,缩短了对同类型管线迁改方案的重复沟通的时间,有效提升了迁改效率、缩短了迁改周期,做到了针对现场实际情况统筹安排,减少了管线迁改对主体工程施工所产生的制约和影响。

3. 防迷流管线保护

考虑到有轨电车在运营过程中产生的杂散电流会对地下管线的腐蚀作用,由于土壤内含有的金属元素,产生的杂散电流会导致地下管道(金属材质)呈粉末状腐化,故针对原铸铁管线或其他金属材质管道,须增设套管保护的防腐蚀措施,以保证地下公用管线管道的使用寿命及安全。

(1)重要或大型管线在迁改的同时,全部采取加装绝缘套管的方式,以保证隔绝杂散电流的影响。

(2)普通小型管线可在管顶上方加铺防迷流网的措施。

4. 过路管线迁改

由于有轨电车选线是位于既有市政道路路中,而主体工程土建部分仅对路中进行路基改造(桩基施工及轨道板浇筑),道路地下存有大量的既有过路管线与有轨电车线路正交,对埋设深度不能满足路基施工需求的过路管线都必须进行下翻或改迁。沿线的地下过路管线改迁原则一般为:

(1)大型管线或埋设深度满足路基深度需求的管线进行保护或小范围改迁。

(2)桥管迁改结合桥梁改建一并实施。

(3)结合现场实际情况,具备与平交道口管线整体迁改的过路管线采取合并过路的方式进行迁改。

(4)单独过路的管线进行原地的下翻迁改。

# 7 土建工程管理

## 7.1 路基工程

### 7.1.1 常见的路基结构形式

有轨电车轨道路基必须密实、均匀、稳定，要求有足够的承载力，应满足路基工后沉降的要求。上海松江有轨电车示范线工程所处场区地面以下 3.5～25.0 m 分布有深厚软土。软土层具有含水量高、孔隙比大、强度低、压缩性高等不良工程地质特性，且软土厚度较大，一般为 15～25 m，路基沉降变形较大，难以满足有轨电车的沉降标准要求，故需要对工程沿线的软土地基进行处理。国内有轨电车工程中常见的路基结构形式有：普通换填路基、水泥土搅拌桩复合地基的路基、桩板结构等。

普通换填路基的施工周期长，且较难满足松江地区路基工后沉降的要求。有轨电车一般沿城市道路敷设，城市道路下方各类管线密布，而普通换填路基的路基厚度较大，若采用普通换填路基，带来的管线迁改量(尤其是横穿道路的管线)巨大。

水泥土搅拌桩可用于较浅软土分布地区的地基处理，但上海松江有轨电车示范线工程所处场区软土深厚，若采用水泥土搅拌桩进行地基处理，难以满足松江地区路基工后沉降的要求。因此，未采用该方案。

上海松江有轨电车 T1、T2 线全线路基采用桩板结构进行地基加固，轨道板与路基承载板一体化设计，桩基一般采用 PHC300 或 PHC400 管桩(采用小直径管桩带来的挤土效应较小)。沪昆高速(G60)下立交地段，考虑净空高度的限制及减小扰动的需要，桩基采用 $\phi$600 mm 钻孔灌注桩进行地基加固。

### 7.1.2 松江有轨电车路基形式

松江有轨电车路基工程采用桩板结构形式，桩基为 PHC300 及 PHC400 管桩，桩长 20 m 左右；轨道板和路基承载板一体化设计和施工，板厚 450 mm，板长 30 m(6×5.0 m)，六跨一联，相邻联处共用托梁和桩基，相邻联的板间纵向预留 4 cm 伸缩缝。两边支点托梁与板搭接，中间支点桩基与板钢接。松江有轨电车工程路基标准断面如图 7.1 所示。

轨道板和路基承载板一体化设计和施工，可以保证轨道承载板一次施工完成，可缩短工期，减少对周边居民的出行和道路交通的影响；轨道承载板的厚度稍薄于分离式设计，节约投资；但轨道承载板一次性施工，轨道施工精度的控制要求较高，施工难度较高。

下穿 G60 高速节点，由于桥下净空限制，桩基改为直径 600 mm 的钻孔灌注桩。下穿 G60 高速节点路基断面如图 7.2 所示。

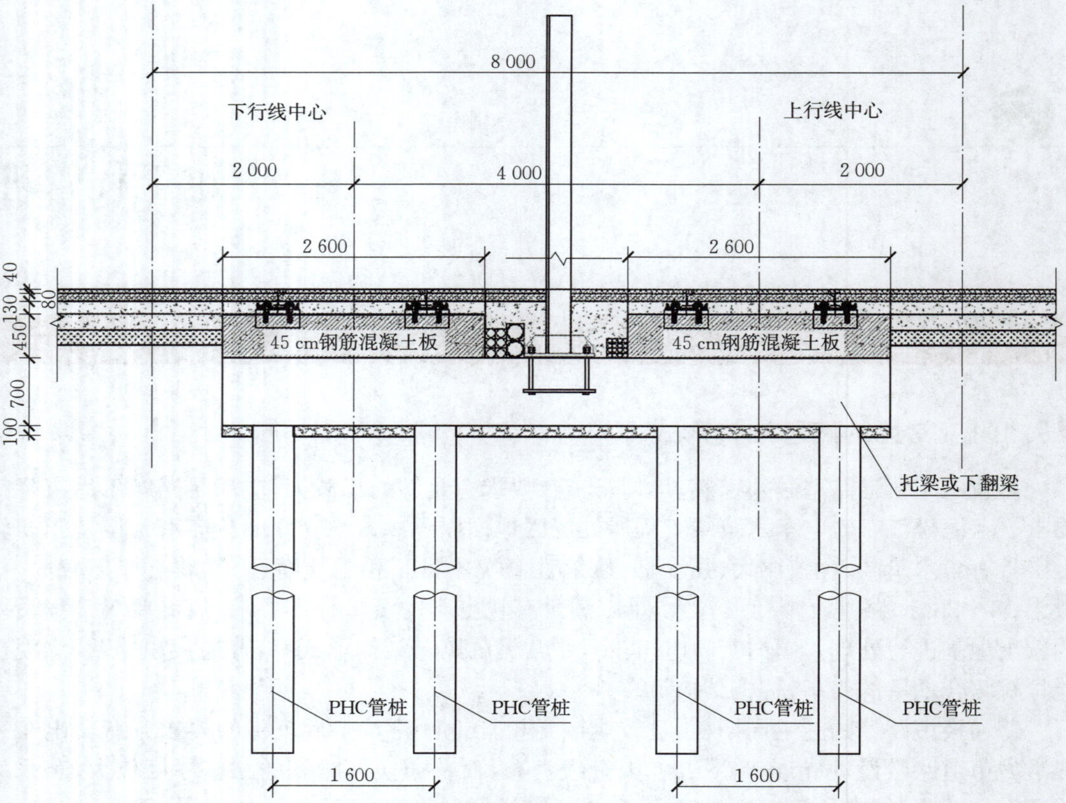


图 7.1　松江有轨电车工程路基标准断面(单位:mm)

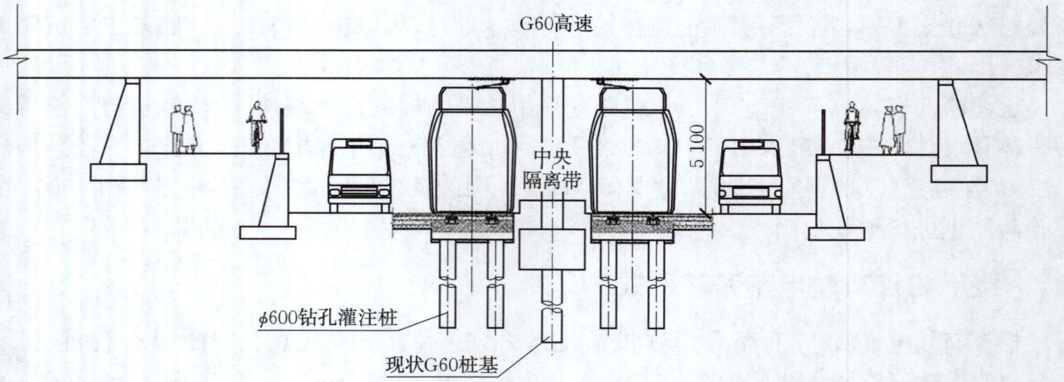


图 7.2　下穿 G60 高速节点路基断面(单位:mm)

## 7.1.3　路桥过渡段

普通路段路基的刚度要小于桥梁的刚度,在路基与桥梁过渡的位置(一般称为过渡段)要采取一定措施使路基的刚度平缓地增加到桥梁的刚度,不至于在路桥交接的位置有刚度突变而在交接位置产生差异沉降。松江有轨电车工程的路桥过渡段,通过逐渐减小桩的间距增加刚度,如图 7.3 所示。

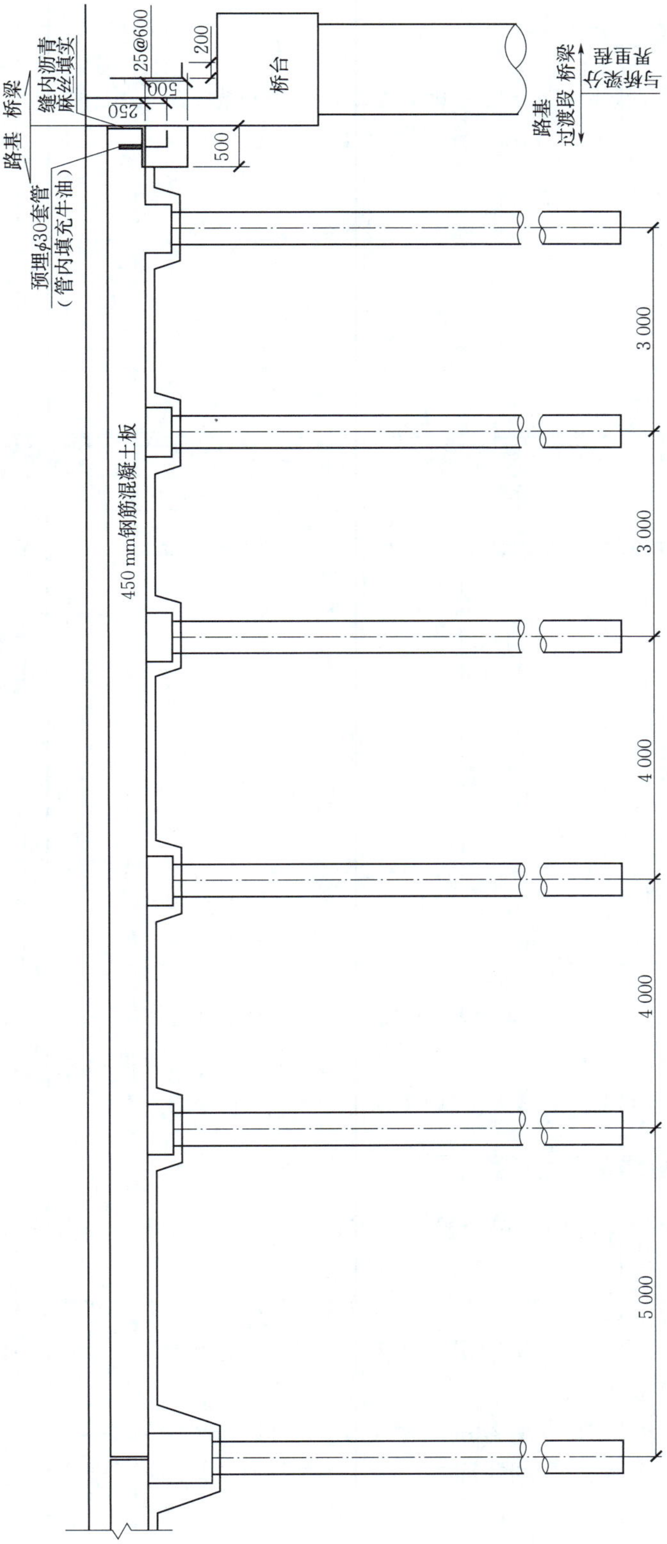


**图7.3　路桥过渡段标准立面图**（单位：mm）

## 7.1.4 路基附属工程

路基的附属工程有接触网基础(含绷拉线基础)、电缆槽、集水井、电缆人井、强弱电管道及横穿路基的管道等。接触网基础与路基关系如图 7.1 所示。电缆人井与路基关系示意如图 7.4 所示。

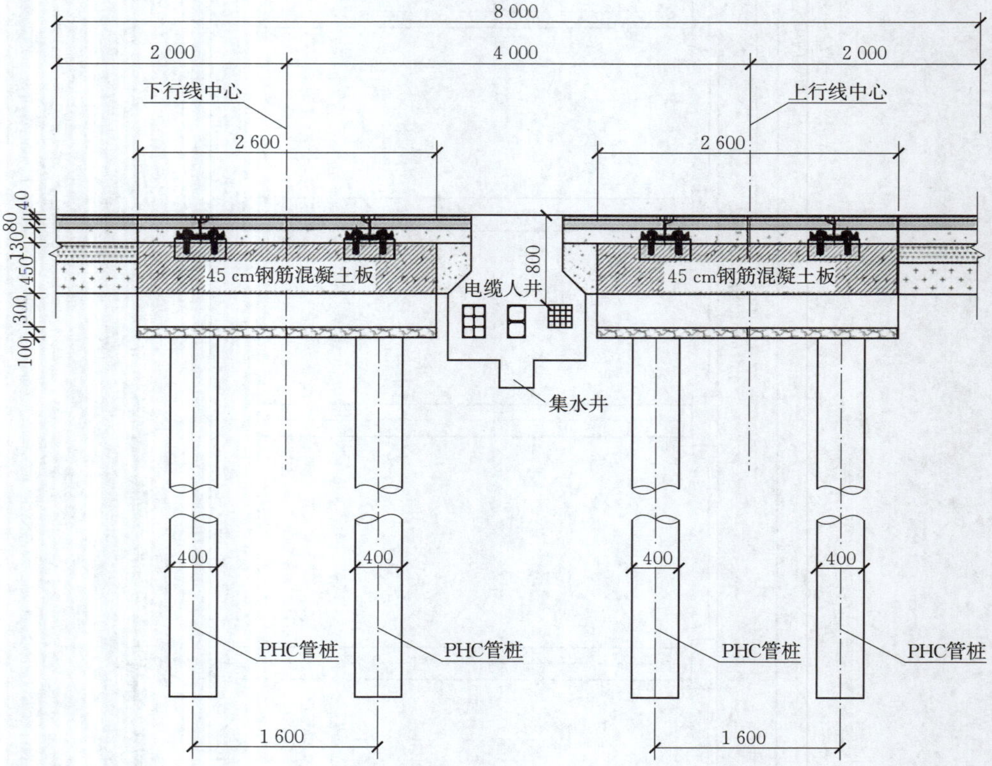


图 7.4 电缆人井与路基关系示意(单位:mm)

需要注意的是,路基的附属工程必须与路基工程同时实施,在路基结构隐蔽前要检查附属设施是否全部埋设到位,以免出现接触网基础漏做、管道漏埋现象。

## 7.1.5 桩板结构路基建设管理要点

(1)开工前建设单位需向施工单位提供物探资料(含地下管线及障碍物),组织管线权属单位向施工单位交底,并根据施工需要对管线进行迁改。

(2)与市属道路或高速公路相交节点施工前,需提前至行政主管部门办理许可手续。

(3)PHC 管桩引孔及桩基施工须避开地下管线,轨道板范围内管线(尤其是横穿道路的管线)标高须低于轨道板底标高。

(4)在轨道板施工前,须确保预埋的路基附属工程已实施到位,以免返工。

(5)为了施工过程中及运营后的沉降监测,在桩板结构施工时可结合设置沉降观测点。

# 7.2 桥梁工程

## 7.2.1 松江有轨电车正线桥梁简介

有轨电车工程中的桥梁工程涉及对城市既有中小桥梁及涵洞的改造、新建跨线桥或普通桥梁。理论上来讲，所有适用于铁路或地铁工程的桥梁结构形式均可应用于有轨电车工程。

松江有轨电车桥梁工程比较有特色的桥梁有上跨轨道交通 9 号线刚构桥、上跨 G60 高速转体主桥以及对既有城市桥梁的改造。

## 7.2.2 T1 线上跨轨道交通 9 号线刚构桥

有轨电车 T1 线沿现状荣乐路路中布置，途经九峰路时与轨道交通 9 号线地下区间隧道平面上相交。9 号线客流量较大，是松江区居民出行的主要公共交通。因此，有轨电车工程施工时应尽量减小对现状地铁区间隧道的影响，同时需实时监测。

上跨轨道交通 9 号线节点，原方案采用桩板结构形式，但桩板结构的跨度有限，极限跨度一般不超过 10 m，如采用桩板结构上跨区间隧道，桩基与区间隧道的净距很小，桩基施工时对区间隧道存在较大安全隐患，这时采用跨度较大的桥梁形式上跨区间隧道，可以增大桩基与区间隧道的距离，并减小施工及后期运营荷载对区间隧道的影响。9 号线区间隧道线间距 15.2 m，单个区间隧道直径 6.2 m。桥梁结构采用 16 m+16 m 两跨连续刚构桥跨越既有区间隧道，上部结构采用预应力混凝土连续槽形梁，梁高 1 m，下部结构采用条形基础，ϕ1 200 mm 钻孔灌注桩基础。根据平面布置，桩尖标高深于区间隧道底标高，施工阶段采用钢护筒等保护措施，钢护筒底标高需低于区间隧道底标高，保证桩基施工时土体不变形，降低桩基施工对区间隧道的影响。上跨轨道交通 9 号线刚构桥平面及立面布置如图 7.5 和图 7.6 所示。

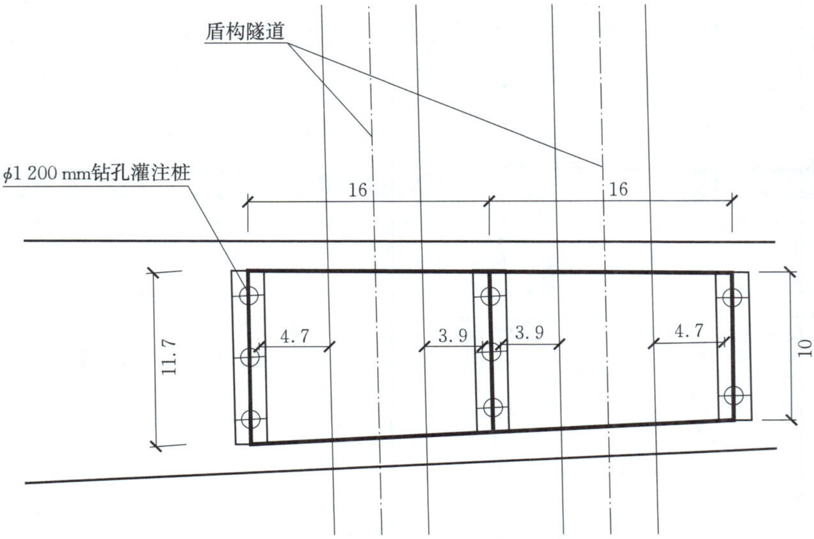


图 7.5　上跨轨道交通 9 号线刚构桥平面布置示意(单位:m)

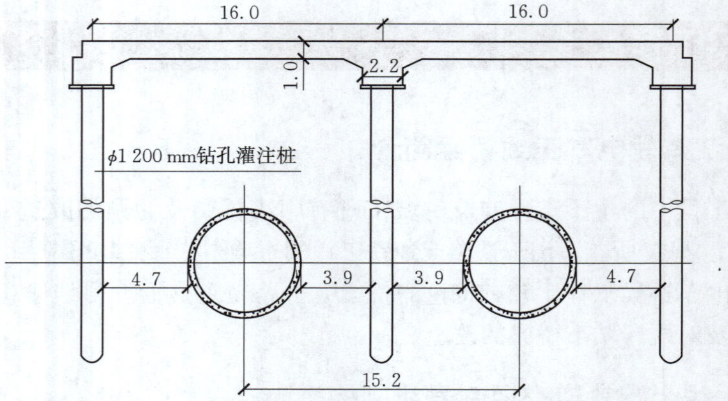


图 7.6　上跨轨道交通 9 号线刚构桥立面布置示意(单位:m)

## 7.2.3　T2 线上跨 G60 转体主桥

T2 线上跨 G60 转体主桥为(45+70+45)m 预应力混凝土连续梁。桥梁上部结构为变截面预应力混凝土连续梁,单箱单室直腹板。中支点梁高 4.5 m,边支点梁高 2.3 m。顶板厚 0.28 m,底板厚 0.3～0.65 m,腹板厚 0.5～0.65 m。转体墩为 3.2×2.6 m 花瓶独柱墩。桥墩沿线路法线方向布置,基础为 ϕ1.2 m 钻孔灌注桩基础。

T2 线上跨 G60 桥梁转体段采用支架现浇,水平转体施工,主梁转体段长度为 2×34 m,边跨现浇合龙段长 11.0 m,中孔现浇合龙段长 2.0 m。上跨 G60 桥梁方案原为悬臂浇筑法施工,为了避免悬浇挂篮施工坠物对 G60 高速车辆的影响及尽可能减小对 G60 高速通行的影响,经对比分析改为现转体方案。

## 7.2.4　对既有桥梁的改造

对于既有桥梁上部结构,拆除有轨电车 8 m 范围内的既有桥板梁,新建 2 片(每片 4 m 宽)板梁;根据新的道路设计断面重新布置既有桥梁横断面。对于既有城市桥梁上部结构改造示意如图 7.7 所示(阴影部分为新建板梁)。

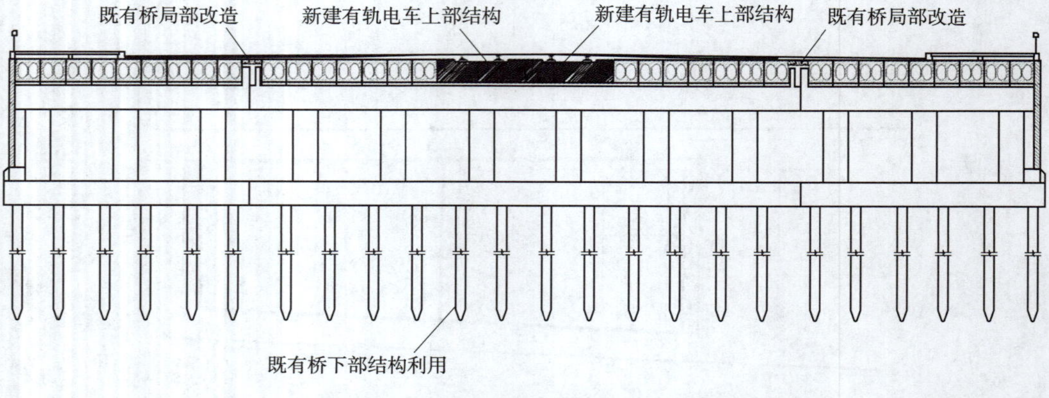


图 7.7　对于既有城市桥梁上部结构改造示意

考虑节省投资，减小对道路交通的影响，在保证安全和有轨电车使用要求的前提下，对既有桥下部结构原则上以利用为主。由于既有桥梁运营多年，或多或少存在一定病害，对每一座拟利用的旧桥均委托专业检测单位进行检测评估。最终，验算和检测均通过的桥梁下部结构方能利用。对于盖梁、承台承载能力不足的桥梁，需新建或加固下部结构。

### 7.2.5 桥梁附属设施

桥梁附属设施有桥梁栏杆、桥面铺装、桥面排水、伸缩缝、上部结构抗震设防措施、防水层和防雷接地等。

### 7.2.6 桥梁工程建设管理要点

(1)既有桥梁改造设计方案的确定，须以既有桥梁的检测报告为依据。

(2)与轨道交通或高速公路相交节点桥梁施工前，需提前至行政主管部门办理许可手续。

(3)桥梁工程的预埋件须在隐蔽前按要求安装到位。

## 7.3 车站工程

### 7.3.1 松江有轨电车示范线车站简介

有轨电车工程的车站与地铁车站有较大区别，与公交车站更为类似，设施设备较为简单。从车站是否与外界隔离角度分类，有开放式车站、半开放式车站和封闭式车站三类。因松江有轨电车车辆为100%低地板车辆，站台为低站台。每座车站设有售票机及进出站闸机，为半开放式车站，站台除临轨道侧敞开外，其余三面均有护栏或闸机与外界隔离。松江大学城站实景如图7.8所示。松江有轨电车示范线项目共设47座车站。

有轨电车车站设备相较地铁车站设备较为简单。松江有轨电车工程车站设备主要有PIS(乘客信息系统)屏(有只显示文字的屏和电视机两种)、摄像机、售票机、进出站闸机、车站岗亭设备(仅岛式车站有，为站务员预留)、半自动补票机。

图7.8 松江大学城站实景

## 7.3.2 车站站型

1. 岛式车站(以松江体育中心站为例)

路中岛式站台采用 6 m 宽。在站台范围内布置一定长度和宽度的雨棚为乘客遮风避雨,其余部分为通透、开敞空间,可以根据需要布置商业广告设施。岛式车站平面如图 7.9 所示。客流集中至一端进出站,再通过天桥过街。

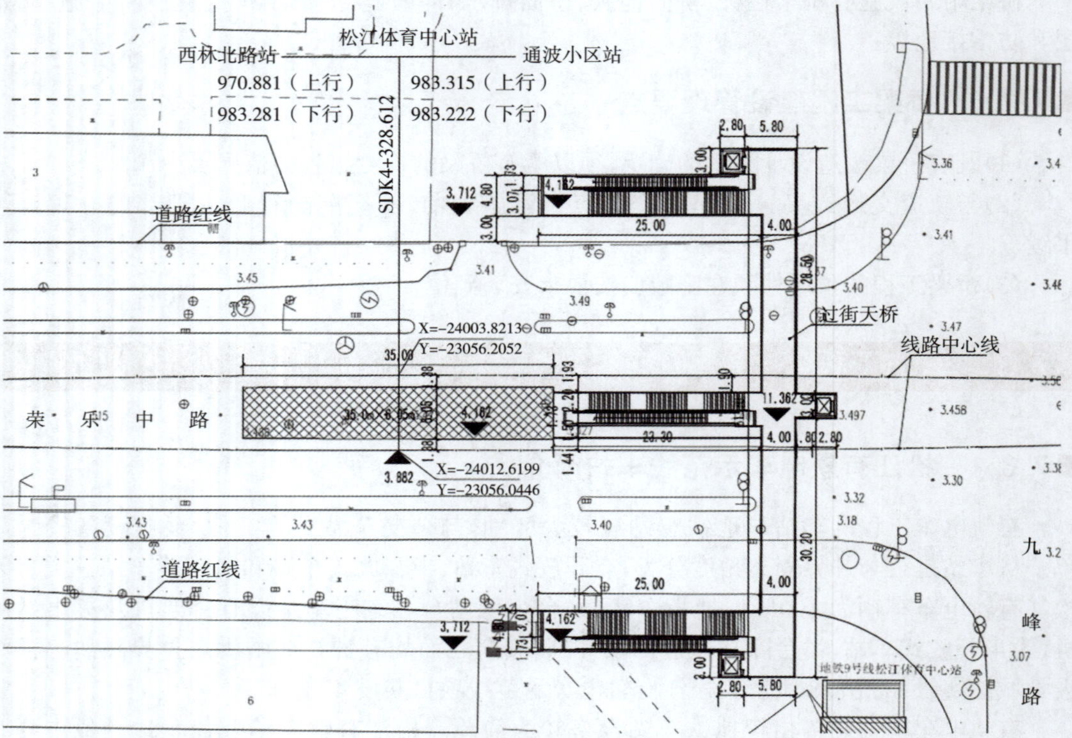


图 7.9 岛式车站平面

2. 路中对称侧式车站平面(以三新北路站为例)

路中对称侧式车站每个站台采用 3 m 宽。在站台范围内布置一定长度和宽度的雨棚为乘客遮风避雨,其余部分为通透、开敞空间,可以根据需要布置导向及广告设施。路中对称侧式车站平面如图 7.10 所示。客流集中至一端进出站,再通过人行横道线过街。

3. 路中分离侧式车站平面(以仓汇路站为例)

受线路、运营组织和道路渠化的影响,路中分离侧式车站每个站台采用 3 m 宽。在站台范围内布置一定长度和宽度的雨棚为乘客遮风避雨,其余部分为通透、开敞空间,可以根据需要布置导向及广告设施。路中分离侧式车站平面如图 7.11 所示。客流集中至一端进出站,再通过人行横道线过街。

## 7.3.3 车站过街设施及无障碍设施

T1 线西林北路站、松江体育中心站以及 T2 线大学城站和光新路站共 4 座车站设有人

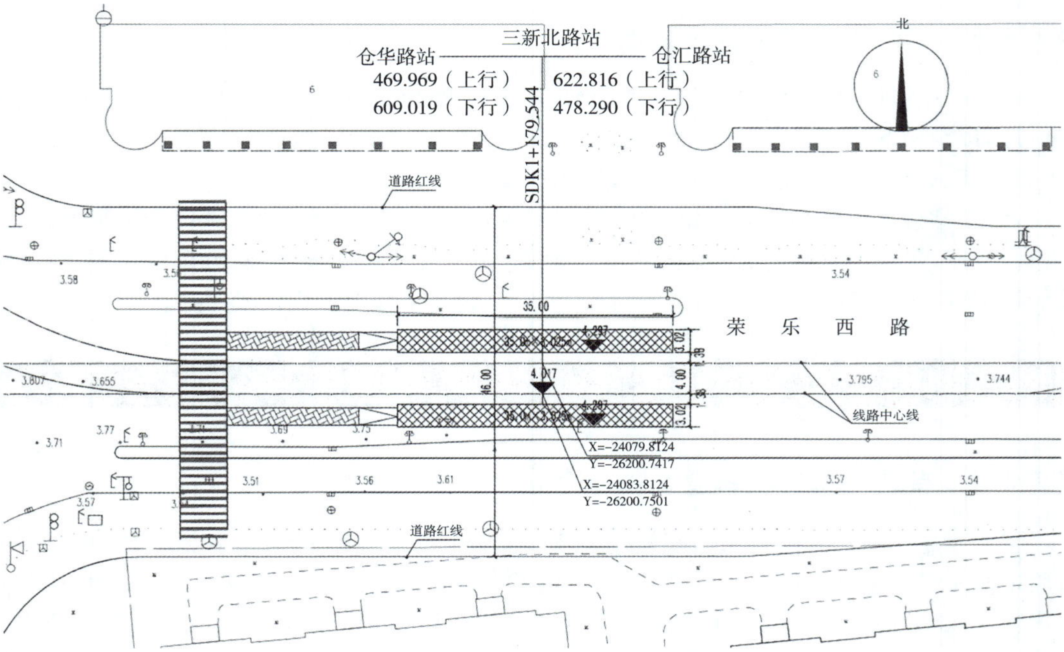

图 7.10　路中对称侧式车站平面

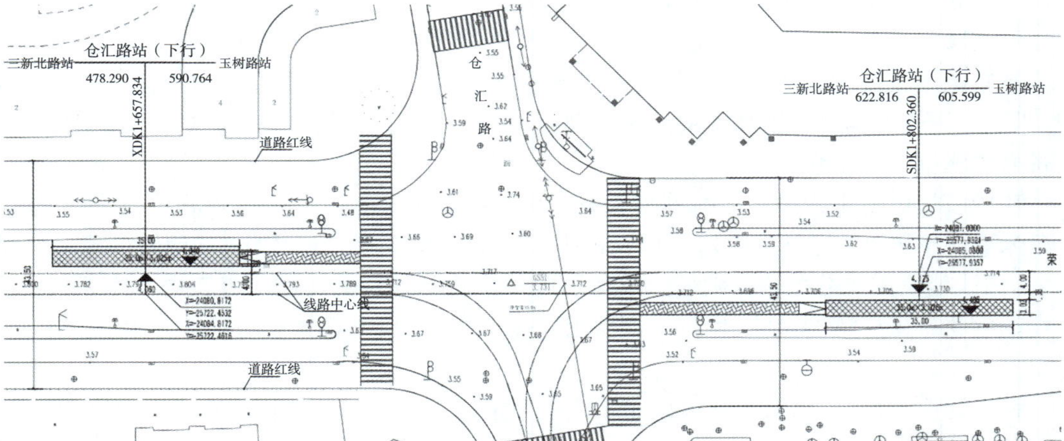

图 7.11　路中分离侧式车站平面

行过街天桥(含无障碍电梯和扶梯)。松江体育中心站及人行过街天桥平面布置如图 7.9 所示。其余车站,行人通过路口人行横道线出入车站,三新北路站和仓汇路站就属此类,如图 7.10 和图 7.11 所示。

## 7.3.4　车站装修

有轨电车的车站与公交车站较为类似,基本为地面露天,车站体量较小,大都采用简装。为了缩短工期及获得较好的外立面效果,松江有轨电车工程车站的雨棚及立柱大都采用轻钢结构。广告灯箱、照明及栏杆结合装修整体考虑。

### 7.3.5 车站工程建设管理要点

(1)车站土建、装修、设备安装等先后有多家专业单位进场施工,需合理安排各单位的进场顺序,以免引起返工,同时尽量避免交叉施工。

(2)车站重要设备,有必要时需采取防雨措施。

(3)车站设备安装前需对车站土建、装修工程进行交接检查及验收,并符合下列要求:结构验收合格,无渗漏水现象;设备安装后不宜实施的土建工程已经完成;预埋件位置正确、牢固,基础混凝土强度、地坪标高等应符合设计要求;设备安装范围内清理干净。

## 7.4 轨道工程

### 7.4.1 有轨电车工程轨道工程简介

采用钢轮钢轨形式的有轨电车轮轨系统,与国铁、地铁工程的轨道有很多相似之处,但有轨电车多采用地面线路,受混行路权和景观需求等影响,有轨电车轨道工程具有其独有的工程特点,主要体现在广泛应用于路面交通友好的槽型轨埋入式轨道结构及定制化的槽型轨道岔(如车辆段与停车场在土地困难的情况下大都采用梳子型道岔),并在埋入式轨道结构绝缘防腐的需求和措施上具有其鲜明的特点。

1. 钢轨

有轨电车正线的轨道结构大都敷设于既有城市道路之上,为有利于与社会车辆分享路权,需要有轨电车钢轨轨顶高程与城市道路路面良好衔接,所以,有轨电车工程的钢轨采用了带有轮缘槽的槽型轨。

我国有轨电车工程中常用的槽型轨有 59R2 和 60R2 两种规格,二者除槽宽、槽头宽及每延米重量不同外,其余参数均相同,如图 7.12 所示。地铁和有轨电车钢轨的定长均为 25 m,曲线地段需要缩短轨以满足曲线地段内外钢轨不等长的要求。有轨电车车辆段与停车场的钢轨有采用槽型轨的,也有采用普通工字钢轨的,但大都采用普通工字轨,且造价要低很多。

钢轨材质方面,城市轨道交通线路正线近年来均采用 U75V 热轧普通工字钢轨,有轨电车工程中的槽型轨也均为 U75V 材质。

有轨电车的槽型轨大都暴露于外界开放环境之中,为了满足排水的需要,须每隔一段距离在槽型轨的轨槽中打孔,并配合专用排水设备(松江有轨电车采用排水横截沟)完成排水功能,如图 7.13 所示。

2. 扣件

有轨电车工程无砟轨道要求扣件必须有足够的扣压力,以确保钢轨与道床的可靠连接,有一定的弹性以缓冲电客列车荷载的冲击,有一定的调整量以调整高低、水平、方向和轨距。松江有轨电车工程采用的扣件为弹条式扣件,并配套设置了扣件罩,以满足埋入式轨道对扣件保护的要求。

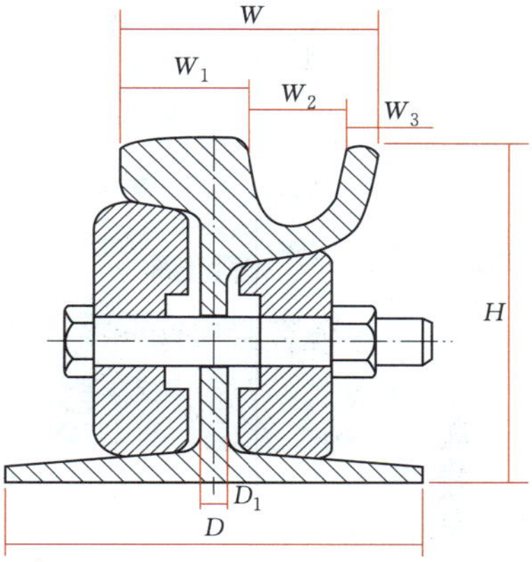


| 执行标准：BS EN 14811:2010 | | | | | | | | |
|---|---|---|---|---|---|---|---|---|
| 型号 | 高度$H$（mm） | 底宽$D$（mm） | 总头宽$W$（mm） | 头宽$W_1$（mm） | 槽宽$W_2$（mm） | 槽头宽$W_3$（mm） | 腰厚$D_1$（mm） | 单重（kg/m） |
| 59R2 | 180 | 180 | 113 | 55.83 | 42.52 | 14.65 | 12 | 58.20 |
| 60R2 | 180 | 180 | 113 | 55.83 | 36.34 | 20.83 | 12 | 59.75 |

图 7.12　常用槽型轨型号的参数

图 7.13　松江有轨电车工程采用的排水横截沟

有轨电车无砟轨道扣件主要由弹条、轨枕螺栓、绝缘套管、轨距挡板、轨垫、基板（有些为其他材质底板）、平垫圈、调高垫板和扣件罩等组成，如图 7.14 所示，图中未示出扣件罩。由于有轨电车采用埋入式轨道结构，所以其金属扣件必须经过可靠的防腐处理。

3. 道岔

道岔是引导车辆由一条线路转向另一条线路的轨道连接设备。有轨电车正线上采用的道岔为槽型轨道岔，与其配套的是槽型轨道岔专用的转辙机。有轨电车中常见的道岔有普通单开道岔、曲线道岔、菱形交叉和交叉渡线等。槽型轨道岔的组成与普通工字轨道岔的组

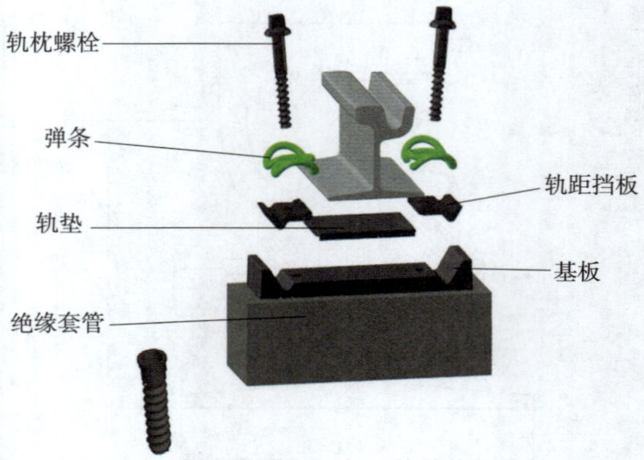


图 7.14　有轨电车无砟轨道扣件组成示意

成一样，由转辙器、连接部分、辙叉（含护轨）以及岔枕等部分组成。

单开道岔的转辙器由两股基本轨、两股尖轨、各种联结零件和道岔转辙机构组成。尖轨有直线形尖轨和曲线形尖轨两种。为提高过岔舒适性和通过性，有轨电车工程正线常采用曲线形尖轨，转辙器大都采用整体框架式转辙器，如图 7.15 所示。

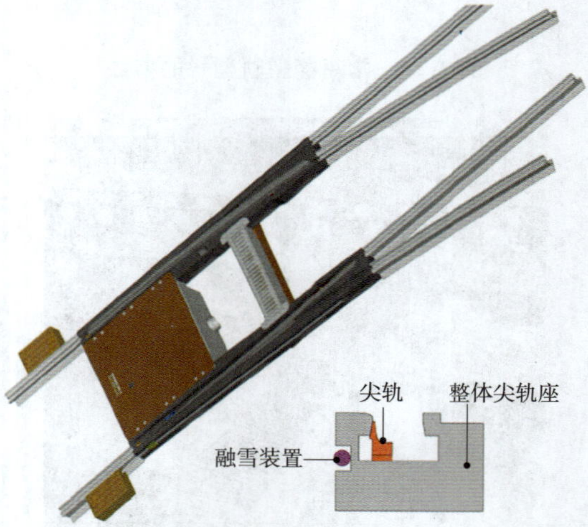


图 7.15　整体框架式转辙器示意

辙叉由心轨、翼轨、护轨及联结零件组成。按平面形式分，辙叉有直线辙叉和曲线辙叉两类；按构造分，有固定式辙叉和可动心轨辙叉两类。有轨电车多采用固定式辙叉。由于有轨电车道岔存在较多的定制需求，整铸式工艺代价较高，因此，铣削式制造工艺优势明显。松江有轨电车为提高辙叉全寿命周期，减少后期维护量，采用 NM400 合金钢材质钢坯，根据定制道岔需求，进行整体铣削工艺。

有轨电车工程中常用的道岔号数为 6 号及 3.26 号道岔，在具体工程中，通常也会根据现场情况采用特制的道岔。车辆段/停车场一般采用 2.44 号（工字钢）、3 号道岔（槽型轨），在土地紧张时，也可采用梳子形道岔，图 7.16 所示为槽型轨梳子形道岔。

图 7.16 槽型轨梳子形道岔

4. 道床

有轨电车轨道结构主要有有砟道床、有扣件系统无砟轨道、嵌入式无扣件系统无砟道床三类。道床类型的选用往往受路权、环境、造价、养护维修等因素影响。无砟轨道为当有轨电车领域应用最多的一种形式,具有轨道平顺度高、养护维修量小、结构简单、整体性好等特点,可适用于各种路权形式。

有轨电车整体道床通常应根据路权和景观要求采用不同的道床铺装形式。对于有景观要求的专有路权路段,通常在轨道板上部覆土并种植绿化草皮,钢轨及扣件均埋入至绿化铺装中。对于混合路权路段,为实现交通功能,轨行区范围需进行硬化铺装,硬化铺装面需与轨顶平齐,并达到与两侧道路协调统一,一般可采用沥青混凝土硬化铺装或者方砖铺装形式。

5. 柔性包覆材料

由于有轨电车工程正线采用埋入式轨道,为提高轨道结构绝缘性能,防止杂散电流的电化学腐蚀,延长轨道结构寿命,有轨电车轨道结构除了常规的排流设计之外,槽型轨轨底与轨腰均由柔性包覆材料包覆,且柔性包覆材料是用一种专用的胶水与槽型轨粘结在一起的,胶水有利于增加钢轨对地电阻与防止杂散电流。钢轨柔性包覆材料主要包括轨腰护块、轨底护套、胶黏剂、轨顶密封胶、底涂等。

目前,柔性包覆材料有两种形式:一种为双块式,既可用于绿化段也可用于硬化段;另一种为绿化段专用。双块式柔性包覆材料示意如图 7.17 所示。

## 7.4.2 松江有轨电车示范线轨道工程

松江有轨电车示范线轨道工程正线全线采用 60R2U75V 槽型钢轨、CJTⅡ型弹性分开式扣件、短枕桩板一体式无砟道床,全线铺设跨区间无缝线路。根据路权、景观的需求,全线在 T2 线人民北路段铺设绿化草皮铺装,其余地段均采用了沥青混凝土硬化铺装。全线钢轨及扣件均铺设了绝缘防护材料及扣件罩等防护措施。配线车站根据运营需求,分别采用了 60R2 槽型钢轨 6 号、3.26 号道岔等。

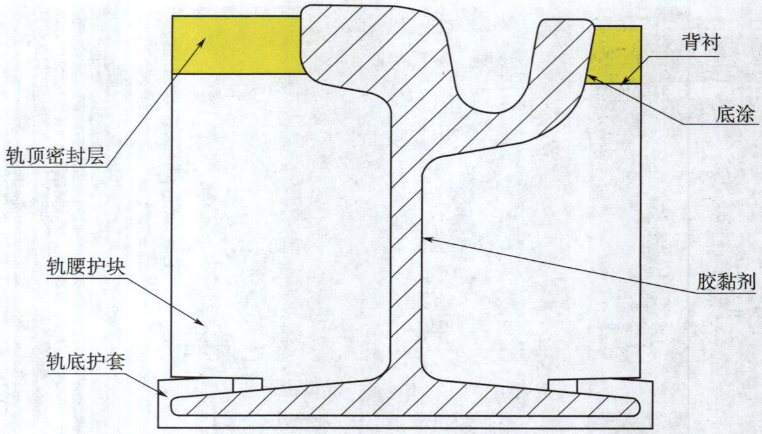


图 7.17　双块式柔性包覆材料示意

大学城车场线轨道工程采用了 50 kg/m U71Mn 国铁工字钢轨有缝线路，车场咽喉区采用了 2.44 号工字钢道岔，车场库外地面线采用预应力长枕有砟道床；辰塔路车辆基地新桥停车场采用 60R2 槽型钢轨有缝线路，库外线采用槽型钢轨短枕埋入式无砟道床，新桥停车场咽喉区采用 3 号槽型钢轨道岔结构辰塔路车辆基地。

### 7.4.3　轨道工程建设管理要点

(1)桥梁改造段采用梁轨一体化设计和施工，应加强梁体预制及现场施工标高的误差控制。

(2)加强对柔性包覆材料施工质量的控制，确保钢轨断面的连续全包覆，保证轨道结构的绝缘性。

(3)为保证有轨电车轨道运行具有良好的平顺性，应加强轨距控制。

(4)大型岔区(如 Y 形道岔)区域，需要特别注意交叉口交通导改、路口施工协调及质量控制。

(5)路口交通繁忙区段，应特别加强对短区段无缝线路的应力放散和锁定的质量控制。

## 7.5　配套工程

### 7.5.1　配套道路工程

配套道路工程含道路工程和排水工程。松江有轨电车示范线正线范围宽度一般为 8 m，正线范围外为配套道路工程，正线与配套道路之间有搭接区域，搭接的配套道路范围内有一个车道宽度 3.5 m 宽的混凝土刚性基层，有轨电车正线与配套道路搭接示意如图 7.18 所示。

松江有轨电车建设实践中，为了便于施工将原属于有轨电车 8 m 范围内的搭接路面结构层归在配套道路的工程量中，由配套道路施工单位实施。在有轨电车路基与配套道路之间设置活动护栏或侧石进行分隔，活动护栏由正线施工单位实施，侧石由配套道路施工单位实施。

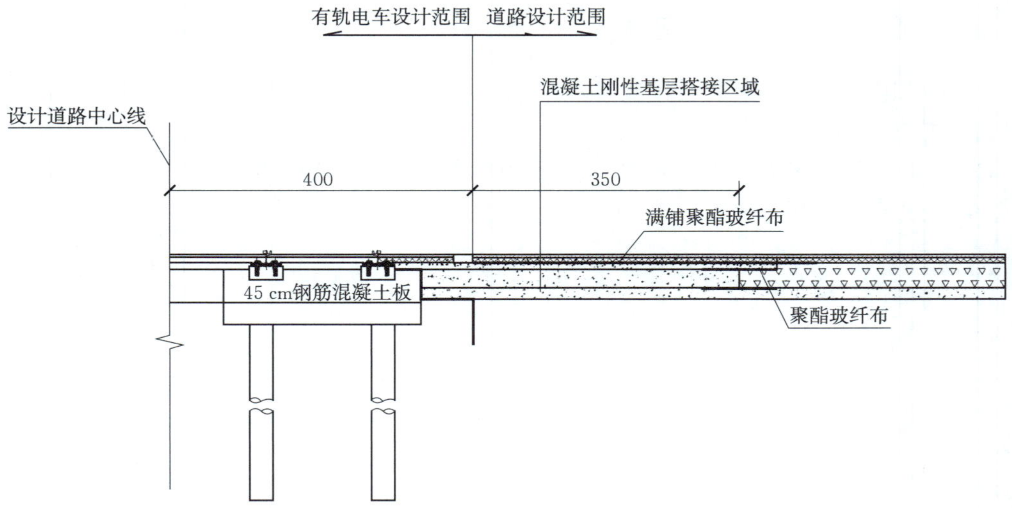


图 7.18　有轨电车正线与配套道路搭接示意(单位:cm)

## 7.5.2　正线范围铺装层

松江有轨电车工程全线除人民北路段轨行区采用绿化铺装外,其他地段均采用沥青混凝土铺装。绿化铺装路段横断面如图 7.19 所示。

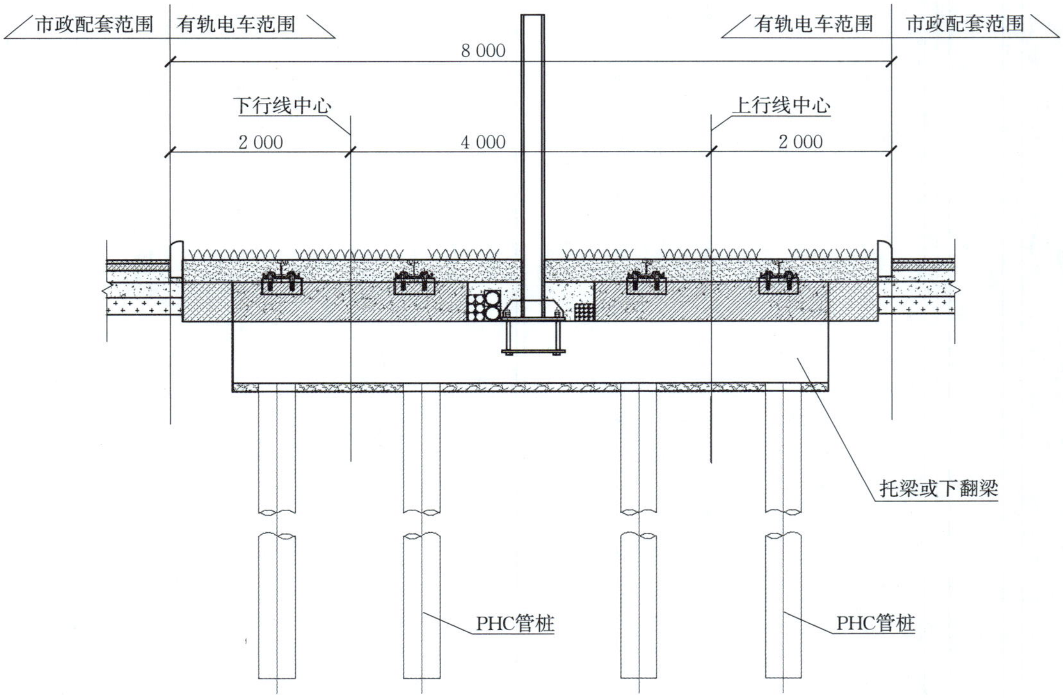


图 7.19　绿化铺装路段横断面示意(单位:mm)

### 7.5.3 配套工程建设管理要点

(1)有轨电车与道路交通混行段,应加强轨道工程与道路铺装工程的良好衔接,避免出现沥青冷接缝。

(2)因正线与配套道路之间存在较大的刚度差异,需注意两者之间搭接区域的施工质量,避免出现不均匀沉降裂缝。

# 8 机电工程管理

## 8.1 供电系统

### 8.1.1 供电系统概述

供电系统作为有轨电车关键性系统，为整条线路提供电力来满足电客列车运行、线路设备、车站设备、段(场)动力设备、消防、给排水、办公生活等设备及日常检修工作的用电需求，以确保有轨电车各个系统的正常运行。

松江有轨电车示范线项目供电系统采用 10 kV 电压分散式供电方式，设置 4 座电源开闭所，由城市电网引入两路 10 kV 电源，分别位于辰塔路车辆基地、新桥停车场、谷阳北路与广富林路东南角(BD14 牵引变电所内)及荣乐中路沪松北路交叉口东北角(A3 牵引变电所内)，中压环网采用 10 kV 单环网接线方式。牵引变电所一般设置两套 12 脉波牵引整流机组，并联运行构成等效 24 脉波整流。接触网供电电压采用 DC 750 V，全线采用柔性架空接触网。动力照明配电系统采用 380 V/220 V 电压等级。全线设置电力监控系统，电力调度系统位于调度中心内。

1. 开闭所、牵引/降压变电所

开闭所从城市电网引入 10 kV 电源，经高压开关柜内的母线、断路器、隔离开关等设备，以不同的运行方式向全线牵引变电所、降压变电所提供电源。

牵引变电所以交流 10 kV 经牵引整流机组，变换成直流 750 V，提供有轨电车牵引电源，通过直流开关柜与隔离开关向接触网供电。

降压变电所是将交流 10 kV 降为 0.4/0.23 kV，随后经开关柜馈出向动力照明提供低压电源。

开闭所内上下级整定值由市网供电部门与有轨电车建设单位、设计单位根据相关规范协商确定，上级开关站与下级变电所高压柜总开关整定值满足相关供电规范要求，既达到有轨电车用电需求，又不影响市网供电线路。

2. 干线电缆

10 kV 环网电缆是供电系统电能传输的载体，其主要工作原理是利用供电高压电缆将开闭所的电能传输给相邻变电所，再由相邻变电所串联输送至各变电所的电气连接。

3. 接触网

接触网是将牵引变电所直流牵引电源向有轨电车运行提供持续电能的专用设备。接触网悬挂采用补偿简单悬挂形式。

有轨电车常规牵引回流采用走行轨回流，电流通过走行轨和回流电缆回到变电所负极柜，构成整体供电回路。

4. 杂散电流防护

杂散电流腐蚀防护应按照“以防为主，以排为辅、防排结合、加强监测”的原则。以道床内结构钢筋组成主迷流收集网，以车站、线路区间结构钢筋组成辅助迷流收集网。在牵引变电所和各区间从钢筋网引出排流端子，通过电缆从排流端子将杂散电流主辅收集网连接至牵引所内排流柜，排流柜再与整流机组负极柜连接，构成排流系统。

5. 电力监控

变电所综合自动化系统对变电所设备进行监控，实现本所内各种设备的控制、监视、联动、联锁、闭锁功能、自动投切等功能。

电力监控系统负责对整个供电系统的监控和管理，主备数据库服务器承担数据处理，操作员工作站可对系统进行监视和控制。调度中心对所管辖的全线牵引供电设施的监控管理。

## 8.1.2 供电系统建设管理

1. 与相关工程的接口界面管理

(1)接触网

与土建工程接口：接触网提供地面区间、车站、桥梁处接触网基础预留位置及要求，由土建工程按要求预留。

与路口交通接口：有轨电车属于地面交通线路，在敷设接触导线及架空地线时须与道路交通管理单位进行沟通协调，避免影响道路交通。

(2)变电所

与土建工程接口：变电所须与土建工程配合进行设备基础槽钢及接地干线的预留预埋。

与装饰装修工程接口：装饰装修工程负责车站及变电所地面、墙面、门、窗、照明、爬梯等设备安装。

与城市供电部门：有轨电车沿线设置开闭所，管理权属于供电部门。由市网 10 kV 高压电源引入开闭所中的有轨电车变电所高压柜。

(3)电力监控

与各供电设备接口管理：各设备安装完成后，电力监控系统负责二次光缆敷设接线。

与通信工程接口：变电所自动化系统供货商提供接口转换设备、光纤熔接盒、电源线等附件，并负责提供变电所综合自动化设备到通信设备柜的通信电缆/光缆。

(4)区间干线电缆

与土建工程接口：区间干线电缆采用预埋管道，由土建工程负责预埋管道施工。

(5)杂散电流防护

与轨道工程接口：轨道工程负责整体道床杂散电流收集网连接端子和排流端子的预埋，杂散电流收集网连接端子的跨接电缆连接。

2. 施工现场管理

(1)变电所

松江有轨电车示范线项目变电所分为土建变电所和箱式变电所两种,均设在沿线道路两侧。相比轨道交通变电所,在设备进场运输等施工条件上更为便利。从前期进场施工准备到后期竣工验收移交,建设单位对施工准备、进场施工、工序验收、竣工验收、工程保修及质量、进度、安全、环保、工程款支付等全过程进行管理。

变电所接地极及设备基础槽钢属于隐蔽工程。接地系统是确保供电系统安全性能的可靠措施,设备基础槽钢直接影响到设备安装精度。监理单位要做好现场见证取样及旁站检查记录,保证隐蔽工程符合设计和后续安装要求。变电所电缆在进场后进行导通及绝缘测试,要根据型号、类别分别对高压电缆进行第三方检测,测试及检测结果要符合设计和相关规范要求。

土建变电所工程及装饰装修完成后,土建施工单位与供电施工单位要做好中间记录交接。设备进场后供电施工单位要通知建设单位、监理单位、主要设备供应单位到场进行开箱检验,检验要按照质量验收规范及计量检测规定执行。需查看送料凭证、进料计划、随箱技术文件及质量保证书、产品合格证等内容,需要送检取样的材料应有送检取样证明。

(2)接触网

松江有轨电车示范线采用DC 750 V直流供电线路,为电客车牵引输电。接触网供电作为线路“电通”关键节点目标,是直接影响线路行车安全的主要环节。供电前建设单位组织施工和监理单位对前期土建及轨道施工情况进行详细排查,作出切实可行的施工进度计划,做好前期施工准备。

接触网基础必须做好隐蔽工程验收记录。所使用的钢筋、混凝土、基础螺栓须经相关资质单位进行第三方检测合格后方可使用。接触网线路的接地线要保证全线贯通,接地线及接地电阻应符合设计和规范要求。接触网使用的绝缘子、电缆要确保绝缘性能检测合格。接触网立柱基础是质量控制关键点。监理单位要做好取样检测及旁站检验,严格要求施工单位按照规范进行。

设备、材料进场后,建设、施工、监理、厂家联合进行检验,须满足有轨电车安装质量要求。建设单位定期召开施工例会确保各施工环节的节点目标顺利完成,协调解决现场施工交叉作业及技术难题,确保最终线路“电通”的节点目标顺利完成。

(3)区间干线电缆

区间干线电缆是有轨电车电力的传输系统,它把沿线各个变电所串联起来,保证各变电所供电需求。电缆在进场后应进行导通及绝缘测试,满足相关设计要求。电缆需根据型号、类别分别进行第三方检测,检测须符合相关规范要求。相比于轨道交通,有轨电车绝大多数区间采用预埋管道,现场敷设电缆难度较大。针对施工重难点,建设单位应组织设计、监理进行专题讨论,制定现场确实可行的技术方案。电缆完成敷设及接续后应进行耐压、泄漏电流、额定电压下冲击合闸等试验,监理单位做好旁站检查记录,以确保电缆施工质量。

(4)杂散电流防护

杂散电流防护系统,现场施工需严格按照技术规范进行设备安装和电缆敷设。设备安装需制订详细施工进度计划,把控好关键控制点。应通过技术专题会、施工例会解决现场技术及施工难点，确保施工质量达到设计规范要求。

(5)电力监控

为保证供电系统的运行管理、正常检修及事故抢修的调度指挥，确保整个供电系统及设备安全、可靠地运行，电力监控系统技术方案应采用最先进的计算机软、硬件技术，配置一套电力监控系统(power supervisory control and data acquisition，PSCADA)系统，以实现对本工程变电所供电设备的监视控制、数据采集以及对接触网电动开关设备运行状态的监视控制。在系统单体调试及联动调试中应严格按照设计规范要求进行，实现遥控、遥测、遥信功能，满足运营需求。电力监控系统与各设备接口较多，调试过程复杂，应通过组织召开技术专题会、施工例会等方式解决技术及施工难点。

3. 各专业相关调试

(1)接触网

接触网线路安装、调试完成后应进行限界检测和冷滑试验，保证接触网线路的接触线接触平滑、线路区间无异物侵限。正式送电前应再次确认接触网线路安装情况良好、接地线导通、接地电阻符合设计要求、接触线绝缘情况符合设计要求，待检测合格后进行正式送电。最终利用电客车进行热滑试验验证接触网线路是否满足电客车运行要求。

(2)变电所

变电所设备及一次电缆、二次电缆、接地电缆全部完成安装后，应逐步开展电缆、二次回路、接地电缆等检测项目，进行变电所交接试验。变电所交接试验包括：

①变压器绕组直流电阻测试、变比测试、绝缘电阻测试、工频交流耐压测试、额定电压下的冲击合闸试验、10 kV 开关柜二次回路绝缘耐压试验、主回路绝缘耐压试验。

②电力电缆绝缘电阻及相位检查、金属屏蔽层电阻和导体电阻测试、直流耐压及泄漏电流测试、交接耐压试验。

③保护装置绝缘测试、模拟变换功能检查、整定值的整定与测试。

④400 V 低压电器同所连接电缆及二次回路的绝缘电阻测量、动作情况检查、交流耐压试验。

⑤整流器主回路、辅助回路及框架的绝缘电阻、主回路、辅助回路的工频耐压、轻载试验。

⑥直流开关柜主回路、辅助回路及框架的绝缘电阻、主回路，辅助回路的工频耐压、测量回路通电检查。

⑦电流互感器绕组的绝缘电阻试验、绕组的直流电阻试验、伏安特性试验、变比与极性试验、交流耐压试验。

⑧电压互感器绕组的绝缘电阻试验、绕组的直流电阻试验、变比、极性测试、交流耐压试验。

⑨金属氧化物避雷器绝缘电阻测试、直流参考电压和 0.75 倍直流参考电压下的泄漏电流测试。

(3)电力监控

电力监控系统调试分为变电所 SCADA(supervisory control and data acquisition，数据采集与监视控制系统)及中央级 PSCADA 两级。每个变电所的电力监控系统只负责本所电力设备的监视及遥控功能，中央级 PSCADA 系统负责对全线电力设备的监视及遥控。电力监控系统调试需实现系统“三遥”功能、供电设备逻辑闭锁关系、供电设备功能性验证等内容符合设计规范要求。

(4)区间干线电缆

在区间干线电缆敷设及电缆终端头、中间头全部完成后，应进行区间干线电缆检查，以确保干线电缆输电线路安全可靠。检查内容包括：线路电缆绝缘完好性，电缆绝缘电阻、线路相序正确性及导通情况完好性。无问题后进行电缆耐压试验，在额定电压下对空载线路的冲击合闸试验(冲击试验应进行 3 次)。

(5)杂散电流防护

有轨电车杂散电流防护系统中区间线路传感器接线安装完成后，须进行传感器复位检查、通信测试，以保证传感器运行正常、通信电缆连接正确。上下行钢轨道床及侧壁结构钢筋端子处至排流柜端子处电缆敷设完成后，应测试电缆绝缘及电缆导通情况，以保证搜集的杂散电流能正常传至排流柜。变电所排流柜安装完成后，应进行排流柜复位检查、功能测试、通信测试，确保排流柜正常工作状态。监测装置安装完成后，根据传感器及排流柜调试情况，进行显示检查、键盘检查、功能检查、通信测试，保证监测装置运行正常、通信电缆连接正确，处于正常工作状态。

## 8.2 通信系统

### 8.2.1 通信系统概述

通信系统是有轨电车运营指挥、服务乘客的网络平台，是有轨电车正常运转的神经系统，为电车运行的快捷、安全、准点提供了基本保障。通信系统在正常情况下应保证电车安全高效运营、为乘客出行提供高质量的服务保证；在异常情况下能迅速转变为供防灾救援和事故处理的指挥通信系统。

通信系统应能传输和处理有轨电车运营所需的文字、语音、数据和图像等信息，通信网络应安全、高效、网络结构合理、易维护，并能满足有轨电车运营、管理、安全防范的要求。采用技术先进、接口标准、安全、可靠的设备，关键部件采用冗余配置，故障时能自动切换，能连续 24 h 不间断地运行。

通信系统主要包括骨干网络系统、无线通信系统、技术防范系统、乘客信息系统、广播系统、时间系统、电话系统、办公自动化系统等。

1. 骨干网络系统

骨干网络系统作为有轨电车的基础信息网络，是通信系统的重要子系统。骨干网络系统是一个基于光纤的宽带综合业务数字传输网络，为通信各子系统、信号、票务等专业提供可靠的、冗余的、可重构的、灵活的信道。骨干网络系统在有轨电车调度中心、停车场、车辆段、各车站及变电所设置网络节点，具有冗余热备份及自动切换功能，确保数据传输通道的畅通。

基于松江有轨电车示范线项目车站不设置弱电机房和采用箱式变电所的实际情况，示范线的弱电系统网络采用 IP 架构，骨干网络系统采用环境适应性强的三层工业级以太网交换机组网，分为核心层、汇聚层和接入层三级网络结构。核心层采用万兆工业以太网交换机组成冗余热备份的双核心节点，确保网络性能及系统的安全可靠；汇聚层和接入层采用千兆级工业以太网交换机组网，保证系统整体的灵活扩展、维护便捷和建设经济合理。

2. 无线通信系统

有轨电车无线通信系统主要用于电客列车运行指挥和防灾应急通信，为固定人员（调度中心、车辆段调度人员等）与流动人员（司机、维修人员、列检人员）间及流动人员相互之间提供语音和数据通信服务，为行车安全、提高运营效率和管理水平、提高服务质量提供了重要保证；同时在有轨电车运营出现异常情况和有线通信出现故障时，亦能迅速提供防灾救援和事故处理等指挥所需要的通信手段。系统具有语音通话、数据传送以及录音等功能，其中核心语音通话功能具有全双工、半双工、单工等各种通话方式，可实现单呼、组呼和全呼等功能。

基于上海市已建成较完备的 TETRA（800 M）政务网面向全市行政企事业单位开放的现状，以及对于远期后续线路规划接入便捷性的考虑，同时也考虑到节约建设成本的因素，松江有轨电车示范线选择采用租用上海市政务网结合租用电信 4G 网络的模式，实现专用无线语音及数据通信功能，同时，通过对系统的调度功能进行个性化二次开发来实现松江有轨电车无线通信系统的建设。

3. 乘客信息系统

乘客信息系统（passenger information system，PIS）是一个计算机网络和多媒体技术的综合信息服务系统。乘客信息设备为在站台上候车的乘客提供候车服务，信息包括静态的有轨电车线路信息、动态的车辆信息、其他一些标志标识信息和换乘信息等。发布的信息包括显示运营信息、公共信息、公益信息等。运营信息包括首末班车时间、电车到站时间、动态显示最近到达车辆时间和所在位置，动态显示道路阻塞等异常信息、电车停车信息、交通换乘信息等；公共信息包括日期与时间、票价、气象预报、文字新闻等。

4. 技术防范系统

技术防范系统由视频监控系统、入侵报警系统和门禁系统三部分组成。

视频监控系统是有轨电车运营、管理现代化的配套系统，是供运营、管理人员实时监视车站客流、电客列车出入站、沿线路口交通的情况，以加强运行组织管理，提高效率，确保安全正点地运送乘客的重要手段。

入侵报警系统，根据松江有轨电车工程的特点，在车辆段/停车场设置了周界电子围栏，用以确保车辆段、停车场的日常运营安全，防止外来人员非法入侵；在调度中心调度大厅和消防值班室设置了报警按钮实现重点区域的入侵报警功能。

门禁系统采用电子化自动控制，解决人为疏忽、钥匙的丢失、被盗和复制等传统门禁存在的问题。每个用户有独立的密码信息，可以通过软件系统建立或取消其使用权、增加或减少使用权，为防范从正常通道的侵入提供了保证；同时还可以在员工上下班集中的通道口，以员工佩戴的员工卡在门禁控制点上的读写数据为基础，通过计算机分析处理，实现考勤管理的自动化。

5. 广播系统

广播系统主要用于调度中心调度人员和车辆段/停车场值班员向工作人员发布作业命令和通知，在发生火灾时兼做消防广播。

6. 时钟系统

时钟系统是为调度中心调度员、与行车相关的各部门工作人员及乘客提供统一标准时间信息的设备，同时还为其他系统提供统一的时间信号，使各系统定时设备与本系统同步。时钟系统的设置对保证有轨电车运行计时准确、提高运营效率起到非常重要的作用。

7. 电话系统

电话系统包括专用电话系统和公务电话系统两个部分组成。

专用电话系统主要为调度电话、场站内电话。其中调度电话是为电客列车运营、电力供应、日常维修、防灾救护提供指挥手段的专用通信系统；场内电话是供车辆段/停车场值班员与场内重要部门有关人员进行公务联系的点对点的直通电话。

公务电话系统为有轨电车管理部门、运营部门、维修部门提供一般公务联络，主要是电话业务和部分非话业务。系统具有交换、计费功能，具有识别非话业务、自我诊断、维护管理、新业务等功能，应能与本市公用电话网互联，实现与本市用户（包括火警 119、匪警 110、救护 120 等特服用户）通话，还可以实现国内、国际长途通信。

8. 办公自动化系统

办公自动化系统是一个利用计算机硬件技术、计算机软件技术及通信网络技术，为运营管理服务，提高管理和维护效能，能够借助于相应的应用软件系统实现各种信息管理，包括信息的收集、存储、分析和处理等，以及提供办公自动化、邮件等多种功能。达到提供高质量、高效率的现代化办公手段的信息系统。

该系统是开放、弹性、兼容、灵活和统一的信息平台，能够为企业的经营管理提供重要的支撑和手段，实现信息的高度集成与共享，实现企业经营、管理与决策的信息化、数字化、规范化。

## 8.2.2 通信系统建设管理

1. 招投标管理

松江有轨电车通信系统根据项目整体筹划和总体投资管理原则，划分为通信系统设备采购集成标和通信系统施工标两部分组成，其中系统设备采购集成标将 T1、T2 线范围内所有车站、正线、场段、控制中心范围内的通信系统整合统一划分为一个标段，以确保系统和设备的一致以及满足同一控制中心对两条线路的总体运营指挥的需求。施工标根据项目统筹安排，与供电、信号安装和票务安装按线路合并招标，便于机电各相关子系统间的接口配合及施工作业的合理统筹安排。

在招标系统方案比选方面，总体遵循“经济合理、满足功能需求及成熟可靠”的原则进行，参照对比上海市其他轨道交通通信系统建设和其他城市有轨电车通信系统建设，松江有轨电车通信系统在传输子系统和专用无线子系统的选择上具有较为明显的特点。

专用无线通信系统建设方式主要有两种。一是自建有轨电车无线调度网，采用有轨电车自建无线调度网方式，可根据具体功能及控制成本角度考虑选择合适的制式，且利于后期线网内其他线路的接入。二是租用公共移动通信系统，采用已经建设了的公共移动通信网络进行实时数据传输，以地理信息系统和无线通信技术为支撑平台，通过综合性的软件设计，实现车辆定位辅助、监视报警、调度指挥管理和信息查询一体化的功能。

2. 系统设计管理

在系统设计管理方面，主要通过阶段性组织设计联络会的形式协调配合设计院完善系统设计。

(1)首次设计联络会

参会单位：建设单位、设计单位、监理单位和实施单位（通过招标确定的系统集成单位及施工单位）。

主要目的：了解设计院的系统设计意图，明确各子系统的具体设计方案并对各系统设计方案的细节进行讨论，同时还需罗列出与相关系统（如土建、车辆、供电及信号等系统）之间的接口类型、数量、位置和功能。

(2)第二次设计联络会

参会单位：建设单位、设计单位（含接口专业设计）、监理单位（含接口专业监理）和实施单位（含接口专业实施单位）。

主要目的：①审核通信各子系统的深化设计并解决设计过程中的具体问题；②讨论审核通信系统内各子系统间的接口设计（类型、数量、界面、功能）；③讨论审核通信系统与其他专业间的接口设计（类型、数量、界面、功能）。

(3)第三次设计联络会

参会单位：建设单位、设计单位、监理单位和实施单位。

主要目的：①各单位最终确认完整系统设计方案；②确定各子系统的厂验大纲；③安排各子系统的厂验计划安排。

3. 系统工厂验收管理

系统工厂验收由监理单位组织，建设单位、设计单位、实施单位共同参与，按照设计联络会确定好的厂验大纲和厂验计划进行。目的是验收各系统设备性能技术指标和功能达到设计意图，并能满足现场使用功能需求。

根据有轨电车现场使用环境和技术特点，各子系统需重点关注以下技术指标及功能：

(1)骨干网系统

根据松江有轨电车骨干网系统设计，接入层交换机安装位置在沿线变电所设置的弱电机柜内，对交换机工作环境要求较高，厂验时应重点关注对相关技术性能的检验，如电磁兼容性指标，抗干扰能力、正常工作温度等。另外，由于骨干网络接入的系统较多，而且个别系统带宽占用较多（技术防范系统、乘客信息系统），所以还应重点关注骨干网络交换机的防止网络风暴的相关功能以及带宽利用率的测试。

(2)专用无线系统

由于松江有轨电车采用的是租用上海市政务网的建设模式，所以在厂验过程中应重点关注二次开发涉及的相关调度台的功能检验；另外，还需对工程范围内的无线网络覆盖进行路测，保证无线网络覆盖场强满足使用需求，针对个别场强覆盖盲区进行小范围的补盲施工。

(3)技术防范系统

松江有轨电车技术防范系统由于配置摄像机数量较多且采用数字式摄像机，传输通道利用以太骨干网传输通道，厂验过程应重点关注系统网络架构和传输能力测试。

(4)乘客信息系统

松江有轨电车乘客信息系统在停车场停车库设置了无线AP实现车辆与控制中心的数据传输，厂验过程需重点关注相关部分的无线数据传输质量和传输效率方面的测试数据。

(5)广播系统

由于在紧急情况下广播系统要兼顾消防广播的功能，所以在厂验过程中需重点测试消防系统与火灾自动报警系统的接口功能以及消防应急广播功能的实现。

(6)通信光电缆系统

松江有轨电车正线主干光、电缆采用管道敷设，在出厂检验过程需对光、电缆铠装防护及外护套防水性能进行重点测试。

(7)其他系统

时钟系统、有线通信系统和办公自动化系统需按厂验大纲进行出厂检测，无特殊关注需求。

4. 系统施工现场接口管理

通信系统工程施工现场接口协调管理主要涉及以下几个方面：

(1)系统集成采购方与系统施工安装方。

(2)通信系统施工方与土建正线电缆通道施工方。

(3)通信施工方与车站装饰装修施工方。

(4)通信系统集成方与信号、售检票、供电系统设备集成方。

5. 系统调试管理

通信系统调试工作主要是由通信系统集成单位负责组织，施工单位现场配合，监理、建设单位共同检测验证。

现场具备开始系统调试的前提条件有以下三个方面：

(1)完成系统设备安装、完成设备配线。

(2)设备机房装修完成，包括机房墙面粉刷完成，机房地面防静电漆涂刷完成，经过机房的风管、水管安装完成并避免在设备机柜正下方，机房内照明灯具安装完成并避免在设备机柜正下方。

(3)正式电源接入通信系统电源设备。

由于通信各子系统服务的对象和功能的不同，系统调试也需要按照一定的顺序进行合理安排，待现场具备调试条件后，一般按照以下顺序进行系统调试：

(1)通信电源系统。通信电源系统是为通信各子系统提供正式电源，只有先将电源系统调试开通完成之后，才能确保其他系统设备加电后的设备安全。

(2)骨干网系统。骨干网系统是为通信各子系统以及信号、售检票等系统提供数据传输通道，所以在电源系统稳定之后，需优先进行骨干网系统的调试。

(3)时间系统。根据系统设计方案，时间系统为通信各子系统统一提供标准NTP时钟源，优先开通时间系统也会对后续系统的调试提供支持。

(4)有线通信、专用无线通信系统。考虑到现场施工和调试的条件以及松江有轨电车采用租用上海市政务网实现专用无线系统语音通话的具体情况，及早完成有线和无线通信的调试，尽可能早地提供日常办公、现场施工、调试和协调的语音通话手段，可为现场管理提供便利条件。

(5)技术防范系统、乘客信息系统。技术防范系统和乘客信息系统由于终端设备较多，调试工作量相对较大，在前序系统具备条件后，即可展开该系统的调试工作。

(6)广播系统、办公自动化系统。松江有轨电车工程只在停车场和车辆段设置广播系统和办公自动化系统，系统具备使用功能需求相对较晚，对其他专业影响也较小，所以调试工作安排在通信系统调试的最后进行。

松江有轨电车工程根据工程整体筹划，共分三期开通，对于通信系统而言，系统调试也需分三阶段分段调试开通。在第二、三阶段进行系统调试时，工程一期已经开通初期运营，各子系统的组网需接入到既有运营系统中，会对一期有轨电车运营安全造成风险，所以要求通信系统在第二、三阶段系统调试过程中，必须充分考虑接入既有线路的调试方案和应急预案，必要时需进行接入演练，以确保有轨电车的运营安全。

## 8.3 运行控制系统

### 8.3.1 运行控制系统概述

运行控制系统是城市轨道交通的重要基础设施之一，作为保证电客列车安全、正点、快捷、舒适、高密度不间断运行的重要技术装备在轨道交通系统中有着举足轻重的地位，同时也是关系到电客列车行驶安全的关键。有轨电车运行控制系统相比地铁较为简单，但同样起着安全、快捷、准点、舒适的作用。

松江有轨电车示范线 T1、T2 线项目运行控制系统为上海电气泰雷兹引进的成熟商用的有轨电车运行控制系统。有轨电车运行采用基于信号显示司机目视驾驶的方式，在车辆行进时主要依据有轨电车专用信号灯，车辆运行速度由司机自主掌控。

有轨电车运行控制系统主要包含以下子系统：

1. 中心调度管理子系统

中心调度管理子系统是有轨电车网络运行的神经中枢，提供系统监控、运营调整和电客列车定位负责制订并实施运营计划，保证电客列车运行畅通的核心系统，是确保各系统之间密切协作、相互配合、共同实现运营目标、保证有轨电车高效、安全运行不可缺少的关键系统。

2. 正线道岔控制子系统

正线道岔控制子系统对正线道岔进行安全控制，提供轨旁交会区域安全管理，实现道岔区域内道岔、进路表示器、轨道区段之间正确的联锁关系及进路控制的安全。对于涉及安全的操作采取安全保证措施。对于来自操作设备的错误操作，具备有效的防护能力。为了提高子系统的安全性，各轨旁设备的控制电路均采用“故障——安全”原则设计。

3. 平交路口信号优先子系统

平交路口信号优先子系统的主要功能是向通行的有轨电车提供优先权逻辑管理，以确保平交路口行人和社会交通的安全。本系统向路口交通信号灯控制系统提供有轨电车车辆的接近信息，通过检测平交路口有轨电车的靠近，为信号控制逻辑进行信号优化或选择信号优先策略提供依据，协调好其与市政交通的关系。

4. 车载子系统

车载子系统，负责所有车载通信设备和车载运行控制系统的管理，主要功能包括对车载设备的管理与监控，以及通过无线网络实现与地面设备的通信，并与该区域内的轨旁设备协同完成车辆的定位与辅助驾驶。

其中，辅助驾驶的主要功能是在重点场景下对司机进行提示和报警，辅助司机完成驾驶作业，提高司机控车能力。

## 8.3.2 运行控制系统建设管理

1. 系统设计管理

松江有轨电车运行控制系统设计管理主要以设计联络会的形式分阶段开展。建设单位组织设计、信号供应商、监理、施工等参建单位，共同对运行控制系统技术文件进行深入探讨。由信号供应商进行系统设计技术交底，在合同的基础上深入讨论技术要求，协同设计院根据松江有轨电车示范线的工程进展及线路状态变化完善系统设计，同时开展信号与其他专业的接口设计。

2. 设备验收管理

设备验收管理以厂验的形式进行，由监理单位组织，建设单位、设计单位、施工单位共同参与，按照合同的厂验计划以及监理提供的厂验大纲，验收系统设备性能技术指标和功能是否达到设计要求，并能满足现场使用功能需求，最终形成厂验报告，各方签字存档。

松江有轨电车运行控制系统采用上海电气泰雷兹引进的成熟商用的有轨电车运行控制系统，合同要求运行控制系统国产化率不低于65%。运行控制系统国内设备验收具体的技术验收指标参见国家技术质量标准、合同约定的技术条款及测试大纲等。

运行控制系统联调联试完成后，由系统供应商安全部门进行系统安全认证，运行控制系统的安全证书作为运营开通的必要条件之一。

3. 施工现场管理

从进度、质量、成本、安全等多个方面形成标准化的管理流程，规范过程操作，有利于工程的推进。运行控制系统设备安装由施工单位、系统供应商、监理单位、设计单位、建设单位共同落实完成。

建设单位建立每周信号施工例会制度，要求参建单位梳理一份“每周汇报”，包括一周的工程进度、遇到的问题以及解决问题的结果。要求监理记录会议纪要，作为过程记录以及备案资料。

建设单位制定现场安装首件定标制，由信号供应商提供安装指导手册，并对施工单位进行指导示范安装，监理单位旁站监督。对隐蔽工程，要求监理全过程旁站并记录，对系统供应商的联锁部分，要求监理进行功能验证。施工单位后续安装设备，系统供应商提供安装督导。

建设单位建立成品保护机制，要求施工单位安装后采取防护措施，做好警示标志，合理安排施工工序，加派专人对关键设备巡逻看管。

运行控制系统工程施工现场接口协调管理主要涉及以下几个方面：

(1)运行控制系统与土建(预埋管、转辙机坑、轨道电路无金属区预留等)。

(2)运行控制系统与智能交通。

(3)运行控制系统与通信(骨干网、LTE)。

(4)运行控制系统与供电、车辆等。

4. 系统调试管理

运行控制系统调试工作主要由运行控制系统供应商牵头，施工单位现场配合，运营单位协调相关事宜，监理、建设单位参与。

运行控制系统调试分为系统单体调试与系统联调联试两个阶段。系统单调包括：轨旁设备安装检查(信号机、转辙机、轨道电路、电源屏等)、轨旁设备软件配置、轨旁联锁子系统单体测试、车载子系统单体调试、调度中心调度管理子系统单体调试。系统联调联试包括：轨旁联锁子系统联调联试、轨旁平交路口优先子系统测试、车地通信测试、车载子系统联调联试、调度中心调度管理子系统联调联试、正线与场段接口测试等。

在调试前期，建设单位组织召开信号调试协调会，召集运营、监理、施工、交通设施等多家单位对供应商提出的调试计划进行讨论并落实，就动车调试期间的配合工作进行详细的交底。全体调试人员严格遵守信号动车测试的要求，按既定流程标准化作业，并将调试人员人身安全保障工作放在首位。

有轨电车是在开放的道路上进行调试，不同于地铁的封闭空间，除了调试内容需要一项项测试外，关键在于调试路段及路口的安全防护。松江有轨电车示范线在普通专用路权区域设置栏杆，但是避免不了社会行人的强行翻越。对此建设单位要求，供应商在每次调试前提交详细的调试方案以及对每个路口的配合要求，相关单位加强专人在路段的安全看护，在混合路权区域，临时增设注水隔离墩，隔离社会车辆的通行。调试阶段经过路口时，采用人工控制社会交通灯的方式，尽可能将对社会交通的影响降至最低，同时满足调试要求。

以上测试完成后做好数据记录，由系统供应商安全部门进行系统安全评估，第三方通过后可颁布安全证书。

## 8.4 智能交通

### 8.4.1 智能交通系统概述

为保障有轨电车中运量公共交通的作用，需要在地面道路交叉口为有轨电车提供优先通行权，从而保障其运行速度、运能、准点率；同时，基于有轨电车车长、加减速性能等特征，其安全运营尤为重要，需要在交叉口进行特殊的设计，尽量降低有轨电车在道路交叉口获得信号优先运行对交叉口社会交通造成的影响。

松江有轨电车示范线项目中，有轨电车信号优先控制的建设目标主要有以下三方面：

(1)遵循“安全第一”的原则，保障有轨电车运行安全。

(2)有效降低有轨电车在交叉口的延误，提高运行效率。

(3)协调社会交通的通行需求，保证社会车辆的安全畅通，不仅要提升有轨电车的运行速度，而且要尽量降低对其他社会车辆、行人交通等产生的负面影响。

在交通建设信息化、智能化的大背景下，同时为改善松江交通拥堵、提升公众出行服务，松江有轨电车智能交通工程提出了贴合松江区实际需求的智能交通的建设方案。松江区380个道路交叉口率先进行了道路信息化改造，通过在道路交叉口及有轨电车沿线布设智能化信号控制系统，实现城区路网智能协调控制、单点自适应控制、有轨电车优先控制等多种控制方式。以智能化的管控手段减少各方向的延误、交叉口的冲突、提升道路整体运行效率。

松江区内310个道路交叉口现有单点固定配时的信号机更换成具有联网、协调功能的信号机，有轨电车示范线项目沿线70个路口具有有轨电车信号优先控制功能(该功能由运行控制系统与智能交通系统共同实现)。同时，在松江公安分局新建1套道路智能交通信息管理系统平台，实现松江区道路交通信息汇集、处理、发布、共享及交换的智能交通管理控制。

## 8.4.2 智能交通建设管理

1. 系统设计管理

有轨电车行驶在道路路面必须经过道路交叉口，与社会车辆共享路权，所以在平交路口时，宜采用信号优先控制系统，实现有轨电车在平交路口的优先通过。

建设单位组织区交警、区域道路交通设计、有轨电车智能交通设计、智能交通系统供应商等参建单位，共同探讨智能交通方案，明确有轨电车沿线路口的优先策略和沿线路口的信号控制方案，既能满足有轨电车运行安全、高效，同时能够将对其他社会车辆、行人交通等产生的负面影响最小化，达到区域道路交通与有轨电车通行的双赢。

松江有轨电车智能交通项目是全国首个采用1+1路口协调控制运算机制的项目。通过松江道路智能交通信息管理系统平台对冲突相位方向上下游的路口实行需求控制，在给予有轨电车优先通行时，对上游路口驶入的车辆进行控制，减少对于有轨电车路口的通行需求。

2. 施工现场管理

智能交通系统施工现场日常管理工作由交通设施施工单位、智能交通供应商、监理单位、建设单位共同落实完成，施工现场日常管理工作主要涉及安全、质量、进度以及现场施工接口协调等方面工作。

松江有轨电车示范线项目智能交通系统安装的场外设备包括：信号灯新建、信号灯柱新建或利旧、智能交通信号机安装、视频检测器安装、线缆穿线管敷设、线缆敷设等。

在施工前，建设单位组织设计单位向施工单位进行设计交底，施工单位做好施工组织设计，合理安排施工工序。松江有轨电车智能交通施工分布于道路配套区域，在配套道路施工的同时，施工单位须及时根据施工图预埋管线及设备基础，减少开挖路面带来的重复施工，并做好成品保护，采取防护措施，做好警示标志。

3. 系统调试管理

智能交通供应商完成设备调试后，即开始与运行控制系统供应商进行接口测试，运营单位协调相关事宜，监理、建设单位参与。

智能交通系统调试分为外场单机调试与平台联网调试两个阶段。

智能交通外场单机调试跟随运行控制系统平交路口优先功能调试同时进行。未启用松江智能调度中心平台时，路口信号机仅实现单点固定配时功能，无法根据交通状况，给予不同程度的优先响应。

平台联网调试时，智能交通平台根据有轨电车运营方提供的时刻表，结合路口配时计划，编制绿波方案。当有轨电车即将达到路口时，由有轨电车车载设备向智能交通控制机发送优先权请求，智能交通平台根据有轨电车的延误情况与区域道路交通的车流情况，判断是否给予优先。同时，智能交通平台通过 1+1 个路口运算机制，对冲突相位方向上下游的路口实行需求控制，减少对于有轨电车路口的通行需求。

在智能交通调试前，建设单位召开调试协调会，组织供应商落实智能交通系统调试计划，动车调试申请计划可跟随信号调试。召集运营、监理、施工、交通设施等多家单位，就动车调试期间的配合工作进行详细交底。全体调试人员严格遵守信号动车测试的要求，按既定流程标准化作业，并将调试人员人身安全保障工作放在首位，同时加派安保人员在路口维护交通秩序，保障通行安全。

## 8.5 售检票系统

### 8.5.1 售检票系统概述

售检票系统是一个集主机系统、网络产品、应用软件系统、数据库系统和车站终端设备为一体的网络系统。通过本系统，可有力提高有轨电车票务营运的效率，同时及时提供消费数据等各类详细的营运信息，为有轨电车公司的运营决策提供准确的数字依据，以降低成本、提高效率、提升服务质量。松江有轨电车示范线项目售检票系统由票务中央计算机系统、票务中心、票务分中心、车站终端设备、维修中心、附属运营设施等构成，采用公交一体化方式，储值票采用市公交系统统一发行的交通卡。系统车站站台检票机读写器技术标准与公交系统一致，通过与市公交系统的后台管理对接，实现有轨电车售检票系统的票务清分。系统设备应能适应 7×24 h 不间断工作的要求。

### 8.5.2 售检票系统网络架构及组网方案

自动售检票系统一般采用五层架构。

(1)第一层为有轨电车票务清分系统。

(2)第二层为线路中央计算机系统。

(3)第三层为车站计算机系统。

(4)第四层为车站终端设备。

(5)第五层为车票。

松江有轨电车示范线项目售检票系统参照基本售检票系统模型，结合自身实际工程情况，在车站级不单独设置设备机房，将清分系统与线路中央级计算机系统合并为票务中央计算机系统，因此，将售检票系统简化为三层结构。松江有轨电车售检票系统架构及功能对应示意如图 8.1 所示。

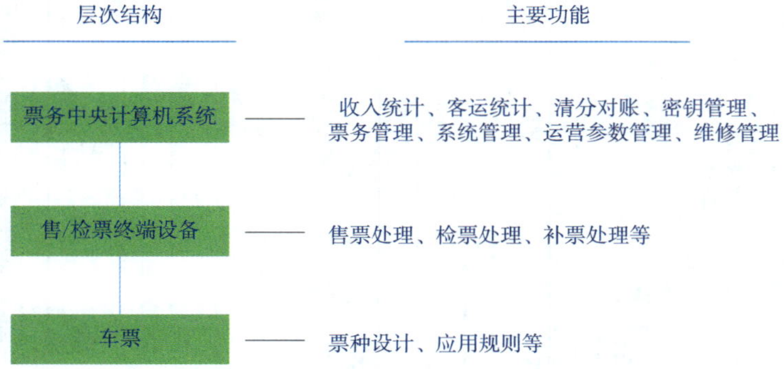


**图 8.1　松江有轨电车售检票系统架构及功能对应示意**

松江有轨电车示范线售检票系统网络结构示意如图 8.2 所示。其中，票务中央计算机系统网络接口如下：

(1)票务中央计算机系统与交通卡公司间通过采用租用运营商网络的方式实现互联。

(2)票务中央计算机系统与车站终端设备采用通信系统提供的以太网专用网络通道互联。

## 8.5.3　售检票系统建设管理

1. 建设方案比选

从目前国内外有轨电车建设工程实施案例来看，其售检票方式主要有两种：一种是车上售检票模式，另一种是车站售检票模式。在松江有轨电车售检票系统建设方案比选方面，总体遵循经济合理、满足功能需求及成熟可靠的原则进行。

(1)车上售检票

售票通过车站及车上设置售票机发售单程车票；检票对于持储值卡车票和单程票的乘客，均通过车上设置的检票机进行检票。考虑到车辆长度较长，从安全及票务管理角度来说，车辆上需要设值守人员，负责票务稽查及安全管理等职能。该模式的优点在于车站售检票设备配置较少，对车站没有封闭需求；缺点在于不利于多级票价的执行。

(2)车站售检票

售票通过车站付费区外设置的售票机发售单程车票；检票对于持储值卡车票和单程票的乘客，均通过站台上设置的检票机进行检票收费进入付费乘车区，即 AFC(automatil fare collection system，自动售检票系统)方式：站台通过隔离栏杆等措施保持封闭；通过闸机进出站；交通卡乘客刷卡进出站；无卡乘客刷单程票通过闸机。该模式的优点在于售检票模式执行灵活、可靠，售检票功能完备，有利于实现多级票价模式；缺点在于车站设备配置较多，占用车站空间较大，同时还需尽可能封闭站台。

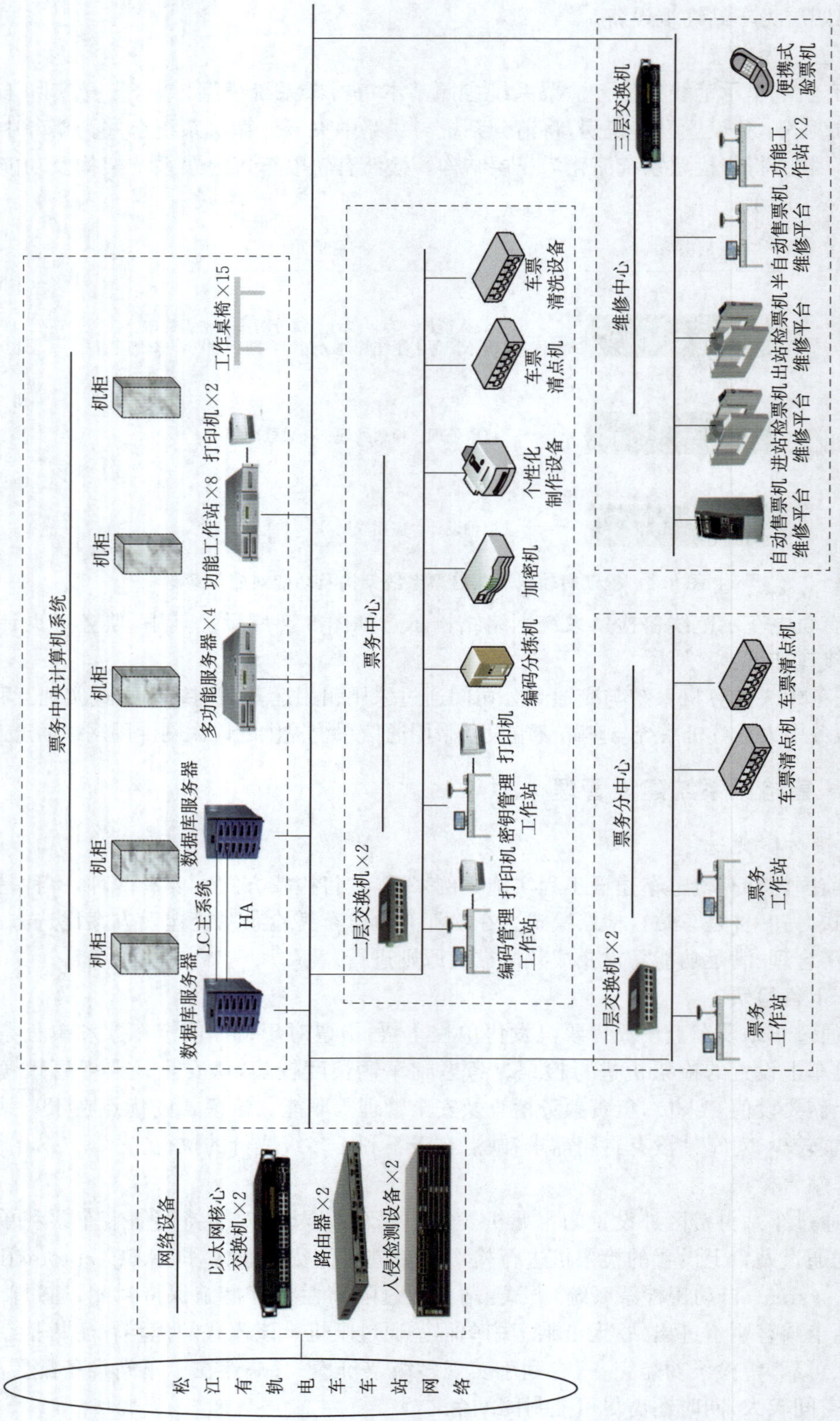


**图8.2　松江有轨电车示范线售检票系统网络结构示意**

鉴于松江有轨电车总体线路的规划，票价体系必然执行多级票价模式，综合车站条件及其他因素考虑，松江有轨电车售检票系统采用车站售检票模式建设。

2. 接口管理

松江有轨电车售检票系统主要存在以下几方面的接口：

(1)系统集成采购方与系统施工安装方有关供货周期、安装督导和调试配合相关的接口。

(2)售检票系统施工方与土建工程相关的车站电缆管线、场站、调度中心设备机房等相关接口。

(3)售检票施工方与车站装饰装修单位有关车站设备安装位置预留，出线口预留及设备检修空间与车站栏杆及车站附属设施位置匹配、车站盲道与闸机通道位置匹配等方面的接口。

(4)售检票系统集成方与通信系统、供电系统有关传输接口、联动接口、电源支持等相关方面的接口。

(5)售检票系统集成方与公交卡公司有关票务清分的接口、与银行和电子支付支持公司相关电子支付的实现与清算相关的接口。

## 8.6 车辆系统

### 8.6.1 车辆系统概述

松江有轨电车示范线项目车辆采用阿尔斯通公司(Alstom)设计研发的 citadis 平台基础，由上海阿尔斯通交通设备有限公司(Satco)负责设计、生产及组装。

松江有轨电车示范线项目车辆采用 100%低地板有轨电车，走行部为钢轮钢轨制式。车辆采用模块化组装，包含 5 个基本模块，模块间用铰接装置相连，全长 33 m。端部模块配备动力转向架，拖车配备非动力转向架。在端车模块配备一个司机驾驶控制室。

本项目车辆最高持续运行速度 70 km/h，电客列车最大载客量 386 人。车辆运行满足最小平面曲线半径 20 m，最小竖曲线半径 350 m，最大坡道 6%。电客列车各项参数及性能指标满足合同(技术册)要求。所有列车可在车辆段与正线公铁两用车进行连挂运行。松江有轨电车示范线项目的车辆如图 8.3 所示。

图 8.3 松江有轨电车示范线项目的车辆

## 8.6.2 车辆系统建设管理

1. 合同谈判

上海松江有轨电车建设单位(或咨询方,即上海申通集团维保车辆和咨询公司,下同)组织及实施电客列车采购验收工作,确定主要工作内容、工作范围、参加人员构成和工作量。

根据谈判日程,组织会议并安排公司内部专家及专业工程师参加合同谈判,召开内容会议及业主交底会。

建设单位(或咨询方)主导松江有轨电车示范线项目车辆的合同谈判工作,并提供专业技术及合同执行意见。从项目管理到车辆总体技术、车辆各子部件技术、车辆试验、车辆维护管理、全寿命管理、项目质量保证、技术文件等多方面为业主提供专业的技术建议及参考案例。

基于上海地铁运营及维保经验的基础上,在示范线项目车辆合同谈判阶段,建设单位不但严格把控本项目招标要求,而且在车辆合同谈判阶段提出共计 12 条优于招标要求的技术条款,并通过多轮谈判与车辆供应方达成一致意见,为示范线项目车辆在未来安全运营及维保工作打下了坚实的基础。

2. 设计联络

建设单位(或咨询方)主导并执行松江有轨电车示范工程项目车辆的设计联络工作。按照松江有轨电车示范工程项目的合同要求,根据实际设计进度,组织召开多次设计会议及多次专项会议。在设计联络会中,建设单位(或咨询方)从车辆合同要求、相关技术标准等多角度对车辆整体的设计、车辆控制、车辆电气设计、各子部件系统设计(包括车门、广播、车钩、转向架、空调等)等各系统提供专业设计意见,并与业主共同与车辆供应方商讨形成初版设计方案。

建设单位(或咨询方)主导并执行松江有轨电车示范工程项目车辆的设计审查工作。按照松江有轨电车示范工程项目的合同要求,组织召开两次设计审查会。会议中,建设单位审核车辆供应方提交的所有关于本项目车辆的整体设计方案、车辆各子部件设计方案、车辆电气原理图、车辆机械图纸、设计联络会议、设计专题会议开口项(未定事项)等技术细节,并在设计审查阶段,严格按照合同(技术册)条款逐一确认,与松江业主共同确定最终版技术方案完成示范线项目车辆的设计冻结工作。

整个设计阶段,建设单位(或咨询方)共同对技术文件进行审核,形成审核意见。

3. 首件检查

建设单位(或咨询方)组织参与车辆各子系统的首件产品检查工作。根据合同要求,针对本项目特点制定了首检规范文件,供参考并执行。首检内容从首检流程规范化、首检文件全面性提出了严格的要求。检查内容包括:质量体系的认证、原材料把控、生产过程控制、RAMS、型式试验及报告、例行试验及报告、产品性能、外观尺寸、生产工艺、产品可维护性、检验工艺、质量保证及产品执行的相关标准等相关内容。建设单位(或咨询方)组织完成了对车辆所采用的 A、B 类主要系统部件首件产品在生产地的审查及放行工作。

4. 车辆监造

建设单位(或咨询方)主导并执行松江有轨电车示范线项目车辆的监造工作。示范线项目车辆监造工作于 2016 年 3 月 21 日正式启动，于 2018 年 9 月 13 日正式结束完成 30 列车监造任务。

建设单位(或咨询方)组织专业人员在项目车辆生产地对车辆进行生产过程监控。建设单位对车辆供应方在车辆生产监控过程中所暴露的生产工艺或制造缺陷等问题进行通报。同时与车辆供应方举行专题会对制造过程中所出现的问题予以讨论，并制定相应的整改方案。

建设单位(或咨询方)组织专业人员在项目车辆关键子系统生产地对关键子系统进行生产过程监控。对关键子系统生产监控过程中所暴露的生产工艺或制造缺陷等问题进行通报。同时与车辆供应方举行专题会对关键子系统制造过程中所出现的问题予以讨论，并制定相应的整改方案。

监造期间，建设单位(或咨询方)专业人员将每日工作情况形成日报汇报建设单位相关负责人。

5. 车辆运输

有轨电车车辆运输作为大件运输，车辆供应商在交付运输前提供详细运输方案，包括承运公司资质、运输线路、现场作业内容；由建设单位(或咨询方)牵头组织审核承运公司资质，根据运输方案进行现场查验及评估；由建设单位(或咨询方)牵头组织召开运输方案专题会，就影响运输过程的重大因素进行最终讨论，包括运输时间段、运输路段、卸货区域、作业方法及配套措施等内容。电客列车交付运输前 1 天，车辆供应商和建设单位(或咨询方)共同现场确认运输路段情况。交付当天，多方评估天气状况，根据吊装管理办法，与承运单位现场负责人共同确认现场作业指导书，并监督其按要求进行作业。松江有轨电车车辆运输过程如图 8.4 所示。

**图 8.4　松江有轨电车车辆现场运输过程**

6. 车辆进场验收

首列车生产交付前，由建设单位（或咨询方）监造人员结合采购合同功能需求、设计文件实现方案、首检问题清单制定调试验收大纲，完成内部修改及审核后交建设单位相关负责人确认。大纲审核通过后，由建设单位（或咨询方）结合监造问题清单制定详细的首列车调试验收方案及首列车现场作业指导书。首列车确认无误后，将发布正式版本的调试验收方案及现场作业指导书。

验收内容由以下四部分组成：

(1)开箱检查。

(2)尺寸检查。

(3)静调调试。

(4)动调调试。

示范线项目初期设置的检修基地没有配置试车线，故项目所有动调调试均在正线完成。

为电车在正线有足够的试车距离，需要入口封闭。通过牵引制动能力计算出理论制动距离，并考虑防滑及雨天再预留出30%的安全距离。为尽可能减少对道路交通的影响，所有动调调试工作在22点以后开始、凌晨4点结束。为防止发生安全事故，整车试车线路每30 m派一名专人值守，防止行人翻越隔离护栏。

动调调试工作于2018年4月开始至2019年6月结束，未发生一例安全事故，所有电车按计划完成动调调试工作。动调样例如图8.5所示，验收方案样例如图8.6所示。

| 序号 | 项目 | 试验内容 | 要求<br>评估/参照值 | 实际值<br>M1 | C1 | NP | C2 | M2 | 结论 | 备注 |
|---|---|---|---|---|---|---|---|---|---|---|
| 1 | 启动列车 | 按照正常操作程序启动列车 | ok | √ | | | | √ | OK | |
| 2 | MVB/CAN/以太网 | 通过DDU维护界面，检查车辆的MVB/CAN/以太网 | 各网络工作正常，所有接入网络的设备状态正常 | √ | | | | √ | OK | |
| 3 | 受电弓 | 升弓时间 | ≤8s | | | 6.3 | | | OK | |
| | | 降弓时间 | ≤8s | | | 6 | | | OK | |
| | | 应急升弓 手摇升弓 | 功能完好，可使受电弓升起到位及降落到位。 | | | × | | | NOK | 无法正确手动升弓到位 |
| 4 | 司机室空调 | 制冷 | 空调正常工作，制冷性能良好。 | √ | | | | √ | OK | |
| | | 制热 | 空调正常工作，制热性能良好。 | √ | | | | √ | OK | |
| | | 风速调节 | 低速、高速调节功能正常。 | √ | | | | √ | OK | |
| 5 | 客室空调 | 制冷/制热 | 空调正常工作。制冷/制热性能良好。 | | √ | | √ | | OK | |
| | | 司机室温度设定 | 通过司机室温度设定，客室空调能按温度要求进行制冷/制热。 | | √ | | √ | | OK | |
| 6 | 车顶设备通风 | 牵引箱风扇 | ok | √ | | | | √ | OK | |
| | | 辅逆箱风扇 | ok | | | | | | | 辅助风扇根据环境温度控制启动，无法测试 |
| 7 | 低压供电 | 蓄电池电压 | 24V±10% | √ | | | | √ | OK | |
| | | 应急供电 | ok。电池供电必须在30分钟内能够支持紧急负载（至少包含：a)2次开关门；b)应急照明全部开启；c)头灯开启；d)PIS设备功能正常；）。 | × | | | | | NOK | LCD需要在高压情况下工作 |

图 8.5　动调样例

7. 型式试验及车辆相关运行试验

建设单位（或咨询方）主导并执行介入松江有轨电车示范工程项目车辆的型式试验工作。根据松江有轨电车示范工程项目的合同要求，对大纲及型式试验报告进行审核，在车辆供应方现场、买方现场及第三方现场完成的型式试验进行全程监督及管控工作，并组织配合建设单位完成开通运营前的联调联试及运营相关试验。

型式试验期间，建设单位（或咨询方）与参建单位共同完成型式试验大纲、型式试验报告，形成意见并召开型式试验专题会议讨论及确定相关试验细节。

实验内容有：

(1)运行试验项目包括：洗车模式下限速3 km/h（在调车模式下，即牵引模式开关在“CM”位）功能是否正常；向后限速模式下限速10 km/h功能是否正常；硬线牵引模式下检查硬线牵引功能是否正常；调车模式下限速20 km/h功能是否正常；应急牵引模式下检查应急牵引功能，平直轨道运行速度15 km/h、长度1 km、启动3次，查看功能是否正常；降级模式

作业名称：受电弓操作检查
计划人数：2
计划工时：25min
作业工具：万用表、电笔、对讲机、方孔钥匙、主控钥匙・秒表
作业文件：静调试验验收大纲
作业对象：司机室
安全事项：
…………1：作业人员需穿正确戴劳防用品绝缘手套、电工鞋等
…………2：作业人员需检查列车止轮器是否处于正确位置
…………3：作业人员在作业时需将安全制动按钮按下，确保列车无法牵引
…………4：作业人员需确认触网无750V高压且已挂好接地棒才可进行登顶作业
作业步骤：
…………1：实验前作业人员需确认受电弓防跳钩脱离，受电弓边上无人员或障碍物，确认NP车上的 IES 隔离开关在受电弓位，车间电源插座盖子盖好锁闭，受电弓隔离开关未在隔离位，受电弓机械状态正常
…………2：作业人员正常激活列车，检查DDU上无故障，网络通信正常
…………3：按下司机室升弓按钮22S5，确认受电弓升起并触碰到接触网，同时用秒表记录受电弓升弓时间不超过8S，并对触网无冲击现象
…………4：受电弓升弓到位以后，升弓按钮22S5指示灯常亮，检查DDU上受电弓状态是否显示正常，
…………5：作业人员按下降弓按钮22S3，确认受电弓降下到位，同时用秒表记录受电弓降弓时间不超过8S，并对受电弓底架无冲击现象
…………6：受电弓降弓到位以后，降弓按钮22S3指示灯常亮，检查 DDU 上受电弓状态是否显示正常
…………警告：受电弓降弓到位以后，严禁用手抬起受电弓弓头，防止损坏受电弓机构

图 8.6　验收方案样例

下限速 40 km/h(如隔离一个牵引箱)功能是否正常；正常模式下限速 70 km/h(牵引模式开关在“CN”位)功能是否正常。

(2)牵引及制动特性试验项目包括：牵引功能性试验、制动性能、紧急制动、安全制动、转向架隔离等试验。

(3)其他功能测试项目包括：检查 HMI 显示功能、车门紧急解锁功能、门牵引旁路功能、排障器旁路功能、警惕按钮功能等试验。

(4)静调补充内容项目包括：硬线牵引开关 10S5 功能检查、安全制动开关 23S1 功能检查、门关好旁路开关 23S3 功能检查、应急牵引隔离开关 19S2 功能检查、救援制动缓解开关 25S5 功能检查、警惕旁路按钮 24S1 功能检查、磁轨制动按钮 26S1 功能检查、电客列车连挂测试等试验。

8. 电车调试验收

建设单位(或咨询方)组织执行松江有轨电车示范工程项目车辆的调试验收工作。依据松江有轨电车示范工程项目的合同要求，调试工作于 2018 年 2 月开始，共计完成 30 列车调试验收工作。

为有效解决验收开口项，调试验收期间，建设单位组织多次召开项目会、专题会。

电客车动调工作各方职责划分为：

(1)建设单位(或咨询方)负责总体指挥协调工作，下达动车调试开始及结束指令及协调各单位相互配合等相关工作。

(2)供电专业确保动车调试前的触网、供电设备的检查维修工作。

(3)土建轨道专业负责动车调试前轨道状态检查及线路安全工作。

(4)有轨电车运管单位负责安排车辆驾驶员及线路区间内(含路口)交通安全保障工作。

(5)社会信号保障工作由相关单位对车辆调试期间通过路口时的社会信号灯调控工作。

(6)交通设施保障工作由相关单位对车辆动调路段各交通设施检查、维修工作,确保有轨电车和社会车辆通行安全。

(7)车辆供应商负责配合车辆动调工作及车辆突发事故维修保障工作。

9. 技术文件审核

建设单位(或咨询方)主导并执行松江有轨电车示范工程项目车辆技术文件审核工作。按照松江有轨电车示范工程项目的合同要求逐一清点由车辆供应商提供的技术文件初版及终版,并对其进行严格审核工作。

根据合同内容,对车辆供应商所提供的电车技术文件(维护手册、排故障手册、司机手册及综合原理图等)进行梳理及审核。

# 9

## 车辆基地/停车场工程管理

松江有轨电车示范线项目共设一段两场，即辰塔路车辆基地、新桥停车场和大学城停车场，其中大学城停车场为临时停车场。辰塔路车辆基地因土地综合开发利用方案未定暂时搁置实施，开通初期运营投入使用的是大学城停车场和新桥停车场，其中大学城停车场临时承担车辆段的部分功能，待辰塔路车辆基地建成后停用大学城停车场的车辆段功能（部分设备由大学城停车场搬迁至辰塔路车辆基地，尽量减少投资）。大学城停车场位于轨道交通9号线大学城站东侧，嘉松南路、梅家浜路、谷阳北路及规划纬二路合围的地块内，大部分建于地块内松江客运中心遗留工程地下一层结构顶板之上，对遗留工程结构进行必要的加固以满足有轨电车停车场对结构的需要。地块遗留地下工程与大学城停车场用地范围示意如图9.1所示，图中网格线为大学城停车场利用区域，总平面布置如图9.2所示。

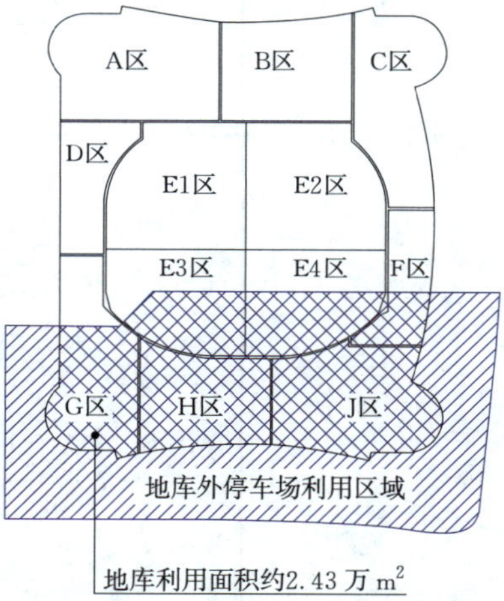


图9.1　地块遗留地下工程与大学城停车场用地范围示意

大学城停车场总平面布置采用停车线与检修库并列、顺向、尽端式的布置方式。车场由东向西依次布置卸车线、检修库、停车线、调度中心与食堂。

卸车线布置在地块东侧，靠近主出入口、谷阳北路设置，方便有轨电车新车接车运输。检修库布置在卸车线西侧，库房为南北向布置。停车线布置在检修库西侧，根据遗留工程既有柱网分布情况，每两排柱网间居中布置2股停车线。

生产用房主要布置在检修库附跨内。调度中心与食堂合建在停车线西侧。停车场设两处出入口，主出入口位于地块东侧，与谷阳北路相接；备用出入口位于地块西侧，与现状松江公交枢纽车辆进场道路相接。松江有轨电车大学城停车场实景如图9.3所示。

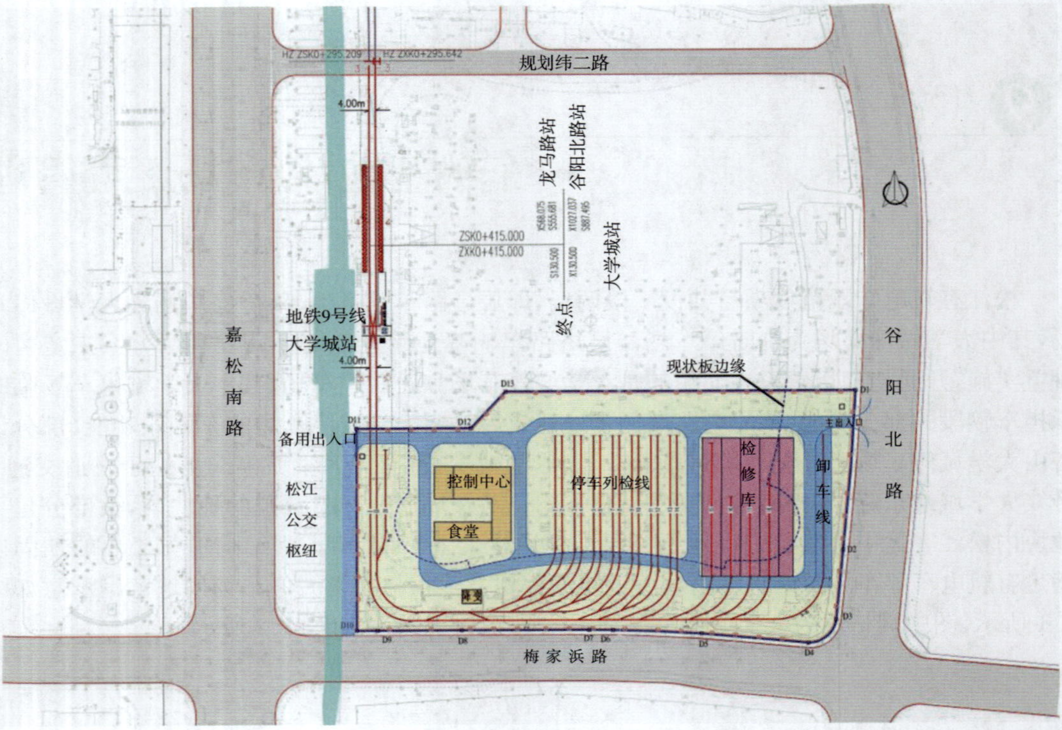


图 9.2 大学城停车场总平面布置

图 9.3 松江有轨电车大学城停车场实景

因考虑到辰塔路车辆基地后建，大学城停车场须在初期临时承担车辆段的部分功能，在确保安全的前提下，本着“大学城停车场初期仅临时实现车辆段的基本功能，重要设备搬迁利用，尽量减少废弃工程，节约总投资”的原则，进行大学城停车场的设计及施工，力求安全、简约。

新桥停车场占地面积约 1.06 $hm^2$，总建筑面积 5 173 $m^2$，位于新育路以东、六磊塘以南、新桥火车站西北的地块内。新桥停车场规模较小，主要建筑物为有 5 股停车线的停车库。图 9.4 和图 9.5 为新桥停车场总平面布置图和现场实景图。

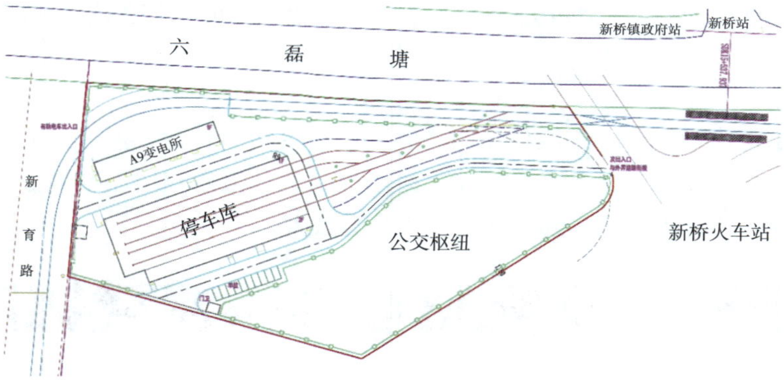


图 9.4　新桥停车场总平面布置

图 9.5　松江有轨电车新桥停车场现场实景

## 9.1 房建工程

因大学城停车场为临时停车场，所以房屋建筑均为临时建筑，较为简单，结合地块遗留工程进行建设，充分利用遗留地下工程顶板结构之上的柱网(柱距一般为 12×12)。

### 9.1.1 大学城停车场检修库及停车库

检修库及停车库采用门式钢架轻钢结构，立柱充分利用既有柱网，纵向主要柱距 12 m，横向主要跨度 12 m。屋面采用压型钢板，附房为两层。检修库和停车库大部分落在原有地下室范围内，一小部分在原有地下室范围外。

停车列检库因新增荷载较大，需对原结构进行加固处理。停车列检区域在轨道下增设轨道梁，支承新增轨道梁的原结构主框架梁采用加大截面法进行加固。

### 9.1.2 大学城停车场调度中心及食堂

调度中心及食堂均落在原有地下室范围内，基础利用原结构基础，经结构检测及设计复核,原结构基础承载力及沉降均满足设计要求。调度中心所在房屋为两层建筑,为现浇钢筋混凝土框架结构。食堂所在房屋为两层建筑,其中一楼为现浇钢筋混凝土框架结构,二楼为钢结构。

### 9.1.3 新桥停车场的停车库

新桥停车场的停车库建筑面积 3 237.3 $m^2$,桩基采用钻孔灌注桩,上部采用轻钢结构,最大跨度 27.075 m,厂房内地坪基准面 1.1 m 及以上墙体采用双层压型钢板复合保温墙体,厂房屋面采用双层压型钢板复合保温屋面(檩条暗藏型)。

## 9.2 市政工程

### 9.2.1 场内道路

大学城停车场内交通运输道路和消防道路统一考虑,在停车列检线、检修库、调度中心及食堂的四周设置消防环路;整个停车场设置两个出入口,消防环路紧贴主出入口,既满足生产和交通运输的要求,又满足一旦火灾时消防车的通过能力。停车场内主要道路为混凝土路面,场区道路设置必要的交通安全标志和设施。消防车道区域对既有结构板进行加固。

新桥停车场场内道路按照Ⅲ级汽车道路设计。主道路宽 7.0 m,次道路宽 4.0 m,库前平过道宽 1.0 m,最小曲线半径为 9 m。

### 9.2.2 给排水

大学城停车场给水水源采用城市自来水。生活和消防进水管分设,在基地内环状布置。场内检修库仅考虑部分车厢清洁用水,清洁废水经隔油池处理后汇入基地污水管道,场内生活污水经管道收集后统一排入市政污水管网。

停车场各单体屋面及场地内雨水经基地内雨水管网收集后,排至市政雨水管网。

自不同的市政给水干管上各引入一根 DN200 进水管(共 2 路)供室外消防管网,设置水表后在基地内环状布置,形成安全可靠的供水系统。

各建筑物室内水消防系统采用临时高压系统,在停车检修库附房内设置一座消防泵房,加压后供至基地内各建筑物单体。消火栓管网呈环状布置,并将室外水泵接合器与室内环网连通;自动喷水灭火系统管网呈枝状布置,并将室外水泵接合器与室内喷淋总管在湿式报警阀前连通,并在水泵出水管上设置带空气隔断的防污隔断阀。

## 9.3 调度中心(OCC)

### 9.3.1 系统概述

运营调度中心(operation control center,OCC)是有轨电车线路的管理机构所在地,是对全线运营车辆、电力供应、系统设备实现统一调度、指挥和监控的中心,是非常工况下对各类事件应急协调、决策和指挥中心,也是全线所有相关运营管理信息的集散地以及与外部信息联系、交换、转发的信息中枢。

从资源共享的角度出发，松江有轨电车工程调度中心按 6 条线（T1～T6）合设配置，调度中心与综合楼合建，按分线路集中管理模式设置。大楼设调度大厅以及行车自动监控、电力供应、通信、自动售检票等中心控制系统。

根据网络规划，松江有轨电车调度中心设置在辰塔路车辆基地内，由于辰塔路车辆基地与线路开通初期运营工期不匹配，故先期将调度中心临时设置于大学城停车场内，待辰塔路车辆基地基地建设完成后再进行调度中心的搬迁工作。

### 9.3.2 调度中心功能

（1）对本工程全线（含预留线路）所有运行车辆实施集中的指挥、调度、监视、协调、控制和管理。

（2）实施车辆司机与客运作业过程的协调、电客列车运行与车辆段/停车场有关作业的协调。

（3）实现在调度中心内票务的清分、统计和财务集中核算等业务。

（4）对系统设备的运行状态实现监视；在紧急情况下，根据相应决策及系统预案的提示向司机发出控制指令，辅助抢险和救援等工作。

（5）实现对电力系统的远程集中监控工作，并完成中心级统一的电力调度工作。

（6）实现与外界职能部门、相关单位的信息联系、汇集、处理、交换和转发等工作，直接服务于运营管理和乘客。

### 9.3.3 调度中心配置

调度中心主要由调度大厅、弱电综合机房、弱电电源室、票务清分中心、票务管理操作室、通号维修中心、弱电集中网管室、培训教室、各类办公管理用房、电缆引入间、配电间及其他附属设施组成。其中调度大厅是调度中心的核心部分。

松江有轨电车工程调度大厅按功能进行区域划分，主要划分为：综合显示区、操作员区和综合运行协调及分析区域三个部分。综合显示区特指屏幕墙，由 2×7 矩阵的 50 英寸 LCD 屏幕墙组成，通过配置屏控设备，综合显示信号 ATS(automatic train supervision，列车自动监控)信息、通信摄像机图像、供电 SCADA 综合信息等重要内容；操作员区同样依托信号、通信、电力监控等相关系统设置，由信号、通信和电力监控的独立显示屏、监视操作台、有线调度电话、无线调度台等设备组成，通过科学合理的工艺设计，满足操作员眼、口、耳、手等感官联合操作工作的需求；综合协调和应急区设置于调度大厅的后方，纵观调度大厅全局，设备配置根据职能需要可灵活配置。

## 9.4 轨道工程

大学城停车场轨道工程采用国铁 50 kg/m 工字钢轨。大学城停车场咽喉区采用 2.44 号工字钢道岔。大学城停车场库外一般地段铺设碎石道床，库内线、棚内线及落车线铺设整体道床。新桥停车场库外线采用槽型钢轨短枕埋入式无砟道床。车场线挡车器，根据不同的运营工况选择不同类型：检修库及停车棚内线行车速度较低，一般为 3～5 km/h，采用摩擦式车轮挡；库外一般线路，如车场牵出线终端，采用固定式液压缓冲挡车器。

新桥停车场轨道路基采用桩板一体化结构，轨道结构高度 250 mm，设车场线 7 条，其中出入场线 2 条，停车线 5 条。出入场线采用 60R2 槽型轨的 3 号道岔整体道床，咽喉区采用 3.26 号槽型钢轨道岔结构，车场线采用槽型轨 3 号道岔，室内外均为整体道床。

停车场轨道工程施工内容含在正线土建标段内，相关管理内容详见正线轨道工程章节。

## 9.5 火灾自动报警（FAS）

### 9.5.1 系统概述

火灾自动报警系统（automatic fire alarm system，FAS）应贯彻“预防和减少火灾危险，保护人身和财产安全”的消防工作方针，严格执行国家和行业有关规范和标准，同时针对有轨电车特点和环境条件，符合消防建审部门的相关规定，做到安全可靠、技术先进、经济合理。火灾自动报警系统的时钟与全线时钟系统一致。建立消防控制室、设置专职人员进行监视，确保车场区域的火灾报警及时得到处置。

### 9.5.2 系统主要功能

（1）接收所管辖范围内的火灾报警信号，显示火灾报警或故障报警信息。

（2）监视所管辖范围内的各种火灾报警设备及专用消防设备运行状态；当被控设备发生故障或状态变化时应发出音响提示并打印，记录所发生的时间、地点等。

（3）确认灾情并向调度中心及有关部门通报联络，传递火灾发生信息，组织和诱导人员进行安全疏散。

（4）具有消防联动功能，在确认火灾后，通过与其他系统的接口，联动相关的设备按照火灾工况运行。

（5）接收主时钟的信息，使火灾自动报警系统与时间系统同步。

（6）系统设备和网络的自检和操作记录，包括设备的离线及故障报警，设备故障记录，网络故障报警，操作人员的各项操作记录等。

### 9.5.3 与相关专业接口

1. FAS 与给排水专业接口

（1）给排水专业向 FAS 专业提供消火栓箱位置、数量、提供各类泵的数量、位置及监控要求。

（2）火灾自动报警系统监视湿式报警阀、水流指示器、信号蝶阀的状态，接口位置在上述设备的接线端子上。

2. FAS 与动力照明专业的接口

（1）用电。火灾自动报警系统采用一级负荷供电，接口分界在双电源切换箱的进线端子，双电源切换箱由 FAS 专业设置，双电源切换箱的两路进线相互独立。

（2）与应急照明接口。接口位置在车辆基地 EPS 控制柜接线端子侧，控制线接口形式。

（3）与给排水相关泵的接口。火灾自动报警系统对消防水泵进行监控，接口位置在消火栓泵、喷淋泵控制柜的接线端子排上。

(4)与环控相关风机的接口。火灾自动报警系统对专用排烟风机进行监控,接口位置在排烟专用风机电控制柜接线端子排上。

3. FAS与通信系统的接口

(1)火灾紧急广播系统与通信广播系统共用一套系统,火灾时,根据火灾自动报警系统的报警,将广播强切到火灾事故广播状态。

(2)在车辆基地消防值班室内,由通信专业设置可直接向"119"报警的外线电话。

(3)FAS专业向通信专业提供车辆基地室外管道要求,由通信专业统一汇总提交车辆基地综合管线专业实施。

4. FAS与门禁系统的接口

接口位置在车辆基地门禁控制箱的接线端子上,采用硬线接口。

## 9.6 工艺设备

### 9.6.1 系统概述

松江有轨电车车辆段/停车场工艺设备是为满足车辆维护、日常检修、现场各系统维护维修的需求所提供的通用、专用设备。根据工程特点和现场实际情况,为更好满足运营需求,松江有轨电车分别进行了两次工艺设备招标,第一批工艺设备采购的是需安装调试为主的设备;第二批工艺设备采购的是满足运营单位现场生产、维护、检修实际需求的成品设备。

松江有轨电车辰塔路车辆基地尚未建成投用,为保障有轨电车已运营线路正常维护维修工作,部分设备(包括数控不落轮旋床、充放电机、蓄电池公铁两用车、移动架车机组、加砂小车、静调电源柜等)先安装于大学城停车场,后续根据车辆段建设情况进行设备搬迁工作,确保设备可持续利用,尽量减少总投资。

### 9.6.2 主要设备介绍

大学城停车场工艺设备主要有车辆复位救援设备及救援车、加砂小车、数控不落轮旋床、移动式架车机组及内燃公铁两用车等,如图9.6至图9.10所示。

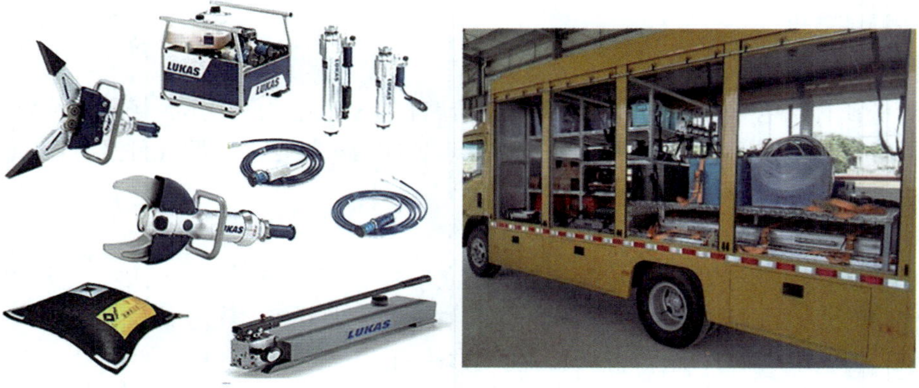


图9.6 车辆复位救援设备及救援车

图 9.7　加砂小车

图 9.8　数控不落轮旋床

图 9.9　移动式架车机组

图 9.10　内燃公铁两用车

## 9.6.3　设备接口管理

1. 架车机安装

架车机出厂前安排详细进场计划，进场前排查好场地条件，涉及与土建、轨道接口的事宜须提前沟通配合好，如土建地坪平整度对架车机影响，架车机场地地基要求等。

2. 不落轮旋床安装

设备到场后能顺利安装到位，及时与土建、轨道、车辆、供电等专业对接各项技术参数，满足安装调试需求。

3. 内燃公铁两用车

由于松江有轨电车在路段与机动车有混合路权，内燃公铁两用车到场后，要考虑车辆在正常路段行驶的事宜，确保车辆到货后及时办理各项国家规定的上路证件及保险，满足运营检修需求。

4. 加砂小车

加砂小车是有轨电车车辆段/停车场特有的一种设备，具有储砂、运砂、加砂功能，采用电动行走，单人作业，操作方便。需要与车辆、供电专业做好接口参数核对，供电专业提供电源、车辆专业提供装砂口，确保加砂设备能正常使用。

## 9.7 供电

有轨电车车辆段/停车场供电系统主要包含接触网、牵引降压变电所、动力照明、干线电缆、电力监控等相关子系统组成，考虑车辆段/停车场相对于正线运营的独立性和可靠性，有轨电车工程一般在车辆段/停车场设置独立的牵引降压混合变电所或降压变电所供段/场动力、牵引用电。

### 9.7.1 牵引降压变电所

(1)动力照明。车辆基地、调度中心动力照明分为一级负荷、二级负荷、三级负荷。

一级负荷：FAS 系统、应急照明、变电所照明、通信、信号、电力监控、调度中心、AFC 等重要设备监控系统，消防泵、喷淋泵、排烟风机等。一级负荷采用两路电源双回路供电，配电箱在末端切换。应急照明采用 EPS 供电。

二级负荷：一般的办公用房照明、各类车辆库房照明、室外照明、污水泵、普通风机等，二级负荷采用一路电源供电，当变电所只有一路电源时，由低压母线分段开关闭合保证供电。

三级负荷：料库、一般的工艺检修设备、空调设备等，三级负荷采用一路电源供电，当变电所只有一路电源时允许停止供电。

(2)牵引变电所采用两台变压器并联运行构成等效 24 脉波整流机组，同时减少直流牵引负荷产生的谐波电流注入城市电网对其产生的影响。正常运行时，车场采用分区域供电模式，当一套整流机组故障退出运行时，根据运行需要可由另一套整流机组供电，也可以将本所解列而退出供电，由正线相邻变电所通过越区隔离开关实现越区供电。

(3)在供电系统中，降压变电所负责为车场的低压动力照明负荷提供电源，一级负荷分别从不同侧 400 V 母线供电，两路电源在设备端自动切换。二级负荷从两段 400 V 母线的任一段母线上供电，当该段母线失电后，通过母联开关闭合恢复供电。三级负荷从 400 V 的三级负荷母线段受电，当变电所一路电源因故障失电后，自动切除三级负荷。

(4)接触网。车场接触网相比于正线接触网，其线材规格、型号、电压等级、绝缘距离、绝缘间隙、下锚补偿装置、设备型号等都相同，不同点在于线路股道多、零部件种类多、道岔多、电连接设置多样化及悬挂形式多样化。尤其是线路股道多、道岔多，对施工过程中接触网线路敷设、调整都有较高难度要求，接触网悬挂形式的多样化，对接触线调整要更具灵活性，有轨电车车场曲线半径小，对接触网线路来说，从接触线敷设到线路拉出值、导线高度的调整难度加大。

(5)电力监控。有轨电车的电力调度系统一般设置在调度中心内，电力调度席位安置于调度大厅，实现对整个供电系统运行情况的实时监视控制，及时掌握和处理供电系统的各种事故、报警事件，准确实施调度指挥，事故抢险和故障处理，保证供电系统的安全运行。

(6)杂散电流防护。为减少正线杂散电流对车辆段/停车场的影响，在车辆段/停车场线路与正线线路间、车辆段/停车场内各种电化库线的库内外线路间，应设置绝缘轨缝和单向导通装置。单向导通装置一般为户外安装，安装位置应靠近绝缘节轨缝。

(7)干线电缆。车辆段/停车场内设置的牵引降压混合变电所或降压变电所,均由环网电缆连接至相邻其他牵引降压变电所,干线电缆是有轨电车供电系统中所有变电所之间传送电能的载体。

## 9.8 通信

有轨电车工程通信系统主要服务于乘客和运营维护,在车辆段/停车场的主要服务对象是运营维护部门,设置在段/场的通信各子系统节点与正线、调度中心组成完整的通信系统网络,主要包含以下子系统:

(1)骨干网系统:车辆段/停车场级骨干网络系统属于有轨电车传输网络的中必不可少的节点,为车辆段/停车场级机电系统提供必要的传输通道。

(2)无线通信系统:对车辆段/停车场全部功能区域进行无线信号的全覆盖,为车辆段/停车场级调度人员和调度中心、电客车司机等工作人员提供可靠的通信手段。

(3)乘客信息系统:在车辆段/停车场停车库设置乘客信息专用的无线数据传输网络,在电客列车停靠在车辆段/停车场时间内利用无线宽带传输网向电客列车车载设备传送数据。

(4)技术防范系统:在车辆段/停车场设置视频监控系统,用于监视车辆段/停车场内重要区域的现场情况,是日常运营管理的重要辅助手段;在车辆段/停车场围墙区域设置周界电子围栏,用以确保车辆段/停车场的日常运营安全,防止外来人员非法入侵;在车辆段/停车场重要通道设置门禁系统,辅助日常运营管理的同时确保重点区域的安全。

(5)广播系统:用于调度中心调度人员和车辆段/停车场值班员向工作人员发布作业命令和通知,在发生火灾时兼做消防广播。

(6)电话系统:根据车辆段/停车场内设置的工作岗位和日常办公需要配置场站内专用电话供车辆段/停车场值班员与场内重要部门有关人员进行公务联系。

(7)办公自动化系统:在车辆段/停车场内设置办公自动化系统,满足有轨电车日常运营的自动化、信息化需求。

## 9.9 信号

### 9.9.1 车辆段/停车场信号概述

有轨电车运行控制系统通常由正线运行控制系统和车辆基地信号控制系统组成。正线运行控制系统与标准轨道交通运行控制系统的功能和结构差异较大,车辆段/停车场运行控制系统则往往更接近地铁或轻轨的停车场运行控制系统。

由于车辆段/停车场的作业方式主要是电车的出、入车辆段/停车场和车辆段/停车场内的调车作业,与地铁车辆段及国铁区段站作业方式类似。又因为车辆段/停车场内作业完全可以通过联锁系统保证安全,且国产计算机联锁技术成熟、可靠,采用国产计算机联锁设备完全能够满足运营的需求。

有轨电车车辆段/停车场一般情况下单独设置一套计算机联锁系统,与正线运行控制系统具有接口，实现收发车功能、车辆段/停车场内调车功能。松江有轨电车大学城停车场采用 2×2 取 2 国产计算机联锁系统——TYJL-Ⅲ型计算机联锁系统。

松江有轨电车大学城停车场内的电客列车占用/空闲检测设备为计轴设备。

### 9.9.2 车辆段/停车场信号功能

车辆段/停车场联锁设备功能主要为保证车辆段/停车场内各类作业的安全，其主要功能包括：

(1)实现车辆段/停车场内道岔、信号机、轨道区段间正确的联锁，保障车辆段/停车场内调车或电客列车作业安全。

(2)除能对车辆段/停车场道岔实行单独操作和单独锁闭，还能对道岔、信号机等信号控制设备实施封锁，禁止通过该设备排列进路。

(3)在联锁控制工作站上，被赋予相应职责、权利的工作人员才可以操作，以确保对设备的正确控制。

(4)与中心调度管理子系统接口，实现车辆段/停车场内各类作业的监督。

### 9.9.3 车辆段/停车场信号接口

1. 车辆段/停车场运行控制系统与正线道岔控制子系统接口

接口主要用于管理电车出/入车辆段/停车场时的安全管理功能，采用继电器接口实现，系统间交换以下信息：

(1)信号机显示状态。

(2)正线车辆检测设备状态。

(3)车辆段/停车场车辆检测设备状态。

(4)其他需要的交互信息。

2. 车辆段/停车场运行控制系统与正线运行控制系统之间的通信接口

通过以太网接口，车辆段/停车场联锁系统与调度中心调度管理子系统连接。车辆段/停车场联锁控制系统将系统的状态、轨旁设备和进路的相关信息发送到调度中心调度管理子系统。

# 10 联调联试管理与运营筹备

## 10.1 联调联试概述

松江有轨电车示范线机电系统联调联试的目的是在建设阶段综合验证工程施工质量是否符合验收标准，验证系统功能是否满足设计要求，以及完善运营需求。联调联试工作是通过对供电系统与相关系统、FAS系统与相关系统、运行控制系统与相关系统、通信系统与相关系统、车辆系统与相关系统及联调联试走票测试，确保项目行车系统、车站和网络设备系统功能符合设计要求，确保工程建设质量，实现项目建设目标。

验证行车机电系统功能的联调联试分别以供电、信号、通信、车辆专业牵头，完成供电、信号、通信和电客列车车辆与相关系统联调联试项目；验证车站机电系统功能的联调联试分别以供电、通信和自动售检票专业牵头，完成供电、通信与相关系统联调以及走票测试等联调项目；验证FAS系统功能的联调联试以FAS专业牵头，完成FAS与相关系统联调。通过对各系统与其他相关系统的接口调试及联动功能测试，全面验证相互关联系统的功能和性能。

## 10.2 联调联试相关管理规定

### 10.2.1 联调联试组织管理

以建设单位为主，运营接管方配合，结合以往的轨道交通实际经验，组成机电联调联试工作组和各专业小组，每个专业小组由系统专业单位牵头，与之关联的系统单位和运营接管方安排专业技术人员参与配合，共同根据联调联试具备的前置条件，分别编制、优化联调联试实施方案，并按照联调联试实施方案组织进行系统联调联试执行工作。

联调联试组织机构示意如图10.1所示，联调联试工作流程如图10.2所示。

### 10.2.2 联调联试前提条件

(1)系统专业要根据各自单体调试情况逐步开展联调联试工作及相关专业的配合工作，作为联调联试关键前提：线路变电所供电、车站动力电源送电、供电线路送电及热滑试验完成。

(2)各系统专业单位要在联调之前上报调试需求、方案、计划、时间、区域至建设单位及运营维保单位予以审批、确认后方可开展相关联调工作。

(3)线路相关土建专业的收尾工作要及时完成，确保不影响联调联试工作。松江有轨电

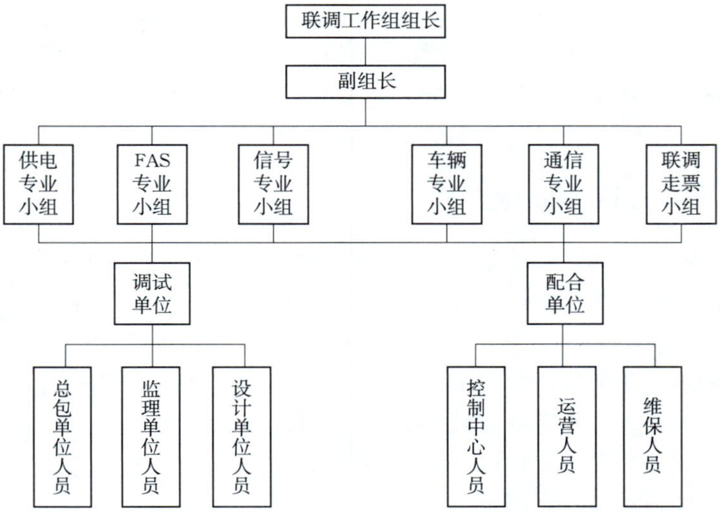


图 10.1 联调联试组织机构示意

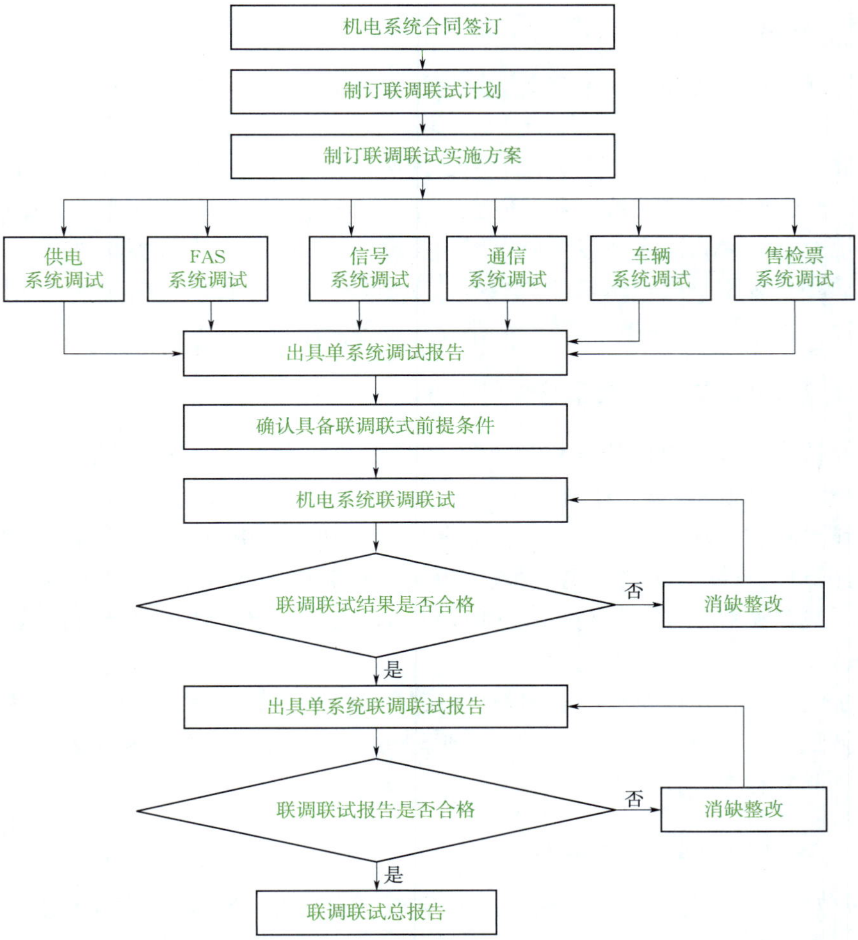


图 10.2 联调联试工作流程

车与道路交通有平交路口、混合路权等情况，因此，开始联调联试之前要确保有轨电车线路安全可靠（如安排特保人员在动车联调联试期间对路口、线路区间等轨行区范围内做好监护看管工作，保证社会车辆及人员和有轨电客列车的运行安全）。动车联调联试之前要与道路交通管理部门做好沟通协调工作，不影响社会正常道路交通。

### 10.2.3 建设单位联调联试工作

（1）组织建立联调联试工作组织机构及工作流程、组织拟定联调联试大纲。

（2）定期组织各相关专业单位进行联调联试专题会。

（3）不定期对现场调试情况进行检查、协调配合解决相关调试事宜。

（4）针对各调试专业小组召开技术专题会、推进各调试小组调试进度。

（5）协调各调试专业配合进度、确保联调节点目标完成。

（6）落实联调联试关键节点目标完成、确保联调联试总体计划。

（7）组织完成联调联试综合报告。

（8）审核相关专业联调计划、方案。

### 10.2.4 运营单位及相关部门配合工作

（1）运营单位要参加建设单位定期组织的联调联试专题会，根据后期运营需求提供相关调试建议。

（2）运营单位根据各系统专业单位的调试进度，安排相关专业人员对现场调试情况予以跟进和提出合理化需求，各系统专业单位会根据合同要求尽量满足运营需求，如遇到调试过程中技术问题，运营单位配合建设单位组织相关设计、施工、厂家进行协商解决。

（3）运营单位要根据线路土建完成情况及变电所送电范围、各系统联调完成情况等，逐步开展三权（调度指挥权、属地管理权、线路设施设备使用权）接管工作。

### 10.2.5 各系统联调联试工作

（1）各系统专业单位根据各自专业特性，在做好单机调试的情况下，根据建设单位联调联试大纲制订详细调试方案及计划。

（2）调试过程中发现与设计不一致现象要及时告知监理单位，关键项目（车辆的超速保护、供电短路试验、开闭所支援供电试验、供电与行车联调试验、联合走票试验、信号智能交通、通信骨干网联调等）的联调要提前通知设计、监理、建设单位到场，共同检查调试项目的情况，各系统专业调试人员做好记录。

（3）参加建设单位定期组织的联调联试专题会，汇报调试进度及调试过程中需要解决的问题，按照调试计划完成各项调试内容，完成调试后编制调试报告。根据工程总体节点目标，完成各项验收移交工作。

### 10.2.6 设计单位联调联试工作

设计单位根据要求做好设计交底，为各专业联调提供设计要求，根据各专业调试中的技术难题予以配合解决，参与各系统专业的关键联调项目，确保调试结果符合设计规范要求。

## 10.3 各专业联调联试内容及主要试验步骤

### 10.3.1 电客列车与相关系统调试

典型运行图试验、动态限界型式试验、噪声和振动测试型式试验、运行平稳性型式试验、运行阻力试验、电客列车故障运营能力试验、牵引能力和电制动能力试验、空气制动试验、受电弓跟随性试验、干扰(EMC)试验、供电中断试验、能耗试验、轮缘润滑型式试验、制动试验、车辆救援试验、与安全相关系统试验等。

### 10.3.2 运行控制系统与相关系统调试

与智能交通、主时钟、大屏、车载 TCMS、车载 PAPIS、骨干网、站台 PIS、无线云调度、LTE 等联调联试。

### 10.3.3 FAS 系统与相关系统调试

分别完成 FAS 系统与门禁系统、广播系统、环控防火阀、水喷淋、应急照明、气体灭火、动力照明系统等各专业的接口测试。

### 10.3.4 通信与相关系统调试

骨干网系统与无线通信系统的联调、骨干网系统与有线通信系统联调、骨干网系统与技术防范及 PIS 系统的联调骨干网系统与 SCADA 系统的联调、骨干网系统与 AFC 系统联调、骨干网系统与运行控制系统联调、技术防范系统与垂直电梯系统联调、专用无线通信系统与运行控制系统联调。

### 10.3.5 供电系统与相关系统调试

供电系统与相关系统的调试一般包括:供电系统与信号专业、通信专业、行车专业(多车辆牵引负荷能力测试)、电梯电源、自动扶梯电源、通风空调、给排水和动力照明联调测试,供电系统短路试验、供电系统与调度中心 PSCADA 联调联试等。

### 10.3.6 自动售检票联调联试

车站终端设备与调度中心计算机系统的基本功能验证、票务系统对内对外接口的一致性验证、联网走票测试交易数据的正确性验证等。

## 10.4 运营筹备

松江有轨电车示范线项目于 2014 年 3 月完成立项工作,2016 年初陆续开工建设,并分 3 期开通。

2018 年 3 月上海申凯公共交通运营管理有限公司中标松江有轨电车委托运营项目。

2018年6月，一期工程大学城停车场完成土建施工及四电集成后，申凯公司松江项目部于7月进驻有轨电车停车场。一期线路运营筹备从2018年7月开始，9月27日完成三权移交接管，9月28日开始不载客试运行，11月30日通过一期初期运营基本条件专家评审会，整个运营筹备阶段历时6个月。

二期运营筹备从2019年2月开始，2019年5月29日开始不载客试运行，7月19日通过二期初期运营基本条件专家评审会，整个筹备工作历时6个月。

三期运营筹备工作始于2019年8月，2019年9月28日开始三期不载客试运行，12月23日通过三期初期运营基本条件专家评审，12月30日正式开通三期初期运营。三期运营筹备工作较一期、二期有所缩短，历时4个月。

各期运营筹备及开通运营时间一览见表10.1。

**表10.1　各期运营筹备及开通运营时间一览**

| 序　号 | 运营筹备阶段<br>（含联调联试、不载客试运行、专家评审等） | 开通运营 |
|---|---|---|
| 一期线路 | 2018.7—2018.12 | 2018.12.26 |
| 二期线路 | 2019.2—2019.8 | 2019.8.10 |
| 三期线路 | 2019.8—2019.12 | 2019.12.30 |

运营筹备具体主要有如下内容：

1. 车辆牌证及相关事宜

(1)车辆牌证核发

松江有轨电车项目采用的法国阿尔斯通公司生产的citadis型有轨电车车辆，目前有轨电车尚未列入国家《机动车运行安全技术条件》(GB 7258—2004)，暂以“企业自编牌证”的过渡性方式替代机动车牌证。“企业自编牌证”牌证设计应兼顾国家机动车牌证规范、市民认可及车辆总体形象匹配，并报市公安交警总队备案。

(2)法律法规

有轨电车行业属性为公交汽、电车范畴，其运营规范遵循《上海市公共汽车和电车客运管理条例》及《上海市中运量公交运营管理规定(暂行)》规定，其有轨电车车辆管理参照国家机动车安全、技术规定执行。结合松江区本地特点及有轨电车特性，在《上海市中运量公交运营管理规定(暂行)》正式颁布前，在区交通委大力协调下，上海松江有轨电车投资运营有限公司起草了《松江区有轨电车管理暂行办法》。在调研听取市、区相关部门意见、征询社会大众意见的基础上，由区政府法制办进行合法性审核，区政府以规范性文件的形式予以发布。该暂行办法包含《松江区有轨电车道路交通事故处理办法》和《松江区有轨电车运营服务规范》。

(3)有轨电车企业客运资质及线路经营权取得

有轨电车企业客运资质的取得采取“企业申报，经区交通委审核后提请市交通委核准，并授予企业线路经营权”方式。

(4)从业人员培训司机证照核发

松江有轨电车驾驶员P照申请受理、考试和核发驾驶证工作由市交警总队车管所负责；

其他从业人员的培训及证照核发根据沪交运(2016)1495 号《上海市交通委员会关于松江有轨电车运营管理相关事项的批复》以及《松江区有轨电车驾驶员培训考试推进工作会议纪要》,由市交通委牵头组织下属考试中心具体落实;由松江区交通委会同松江有轨电车公司等单位编制《松江有轨电车驾驶培训教学大纲》,经市交通委组织相关部门评审通过后实施;市交警总队车管所按照有轨电车《考试大纲》进行驾驶员考试;松江实训线区域报区交警支队审核认定,市交警总队给予指导。

2. 票价

上海市发改委于 2018 年 12 月批复松江有轨电车票价相关事项,明确松江有轨电车票价实行政府定价,执行按区段累积计价的多级票制,最小计费单位为元。10 km(含)以内,计收 2 元;10 km 以上部分,以每 10 km(含)为一个计价区段,每区段计收 1 元。

3. 相关管理办法

根据运营生产与管理的实际需要,松江有轨电车一期工程初期运营前制定了适合实际运营情况的运营规章制度共计 235 项,涵盖安全管理、行车制度、客运服务制度、设备维护、操作办法、应急处置六个方面,其中安全管理类 50 项,行车管理类 10 项,客运服务类 8 项,设备维护类 25 项,操作办法类 15 项,应急处置类 96 项,其他类 31 项。

二期初期运营前各类运营规章制度数量为 243 项,比一期初期运营时在行车管理类、设备维护类、操作办法类规章中共计增加了 8 项内容,各类规章制度更加契合于线路运营。至三期运营开通前,所有规章制度已增加至 295 项,相比二期开通运营阶段新增 52 项,覆盖所有运营所需规章内容。

4. 联调联试

松江有轨电车示范线一期线路于 2018 年 8 至 9 月进行机电系统联调联试,二期线路于 2019 年 2 月至 4 月进行联调联试,三期线路于 2019 年 8 月至 9 月进行联调联试。联调联试组织和管理详见本章已述内容。

5. 试运行及专家评审

试运行是转入载客初期运营前的测试工作,以检验行车组织、客运组织、车辆组织、维修组织、施工组织在正常运营情况下的运作情况。试运行以运行图计划为依据开展,由 OCC 调度员进行统一指挥、调度。各岗位工作应严格按照载客运营的要求执行。同时,根据车辆及信号调试进度、人员操作熟练程度,逐步将运行间隔过渡到 10 min 左右,以检验系统设备运作的能力。

通过试运行检验设备保障、运营操作等各运行系统的应急处置能力;查找规章制度、人员培训等准备工作中的不足,消除缺陷、隐患,落实整改工作;加深员工对系统性能的熟悉程度,提高各岗位操作能力。

松江有轨电车示范线分三期开通,各期线路试运行前均分别编制了《上海市松江有轨电车工程试运行组织方案》。一期工程于 2018 年 9 月 28 日申凯运营单位组织不载客试运行,10 月 21 日取得信号不载客试运行证书,10 月 27 日至 28 日组织初期运营基本条件预评审,11 月 25 日取得载客安全证书,11 月 27 日至 29 日进行有轨电车一期线路初期运营基本条件评审,12 月 26 日一期线路载客初期运营。二期工程于 2019 年 5 月 27 日取得信号不载客试运行证书,5 月 28 日申凯运营单位组织不载客试运行,7 月 16 日取得载客安全证书,7 月

17 日至 19 日组织有轨电车二期线路初期运营基本条件评审，8 月 10 日二期线路载客初期运营。三期工程于 2019 年 9 月 28 日开始三期不载客试运行，11 月 27 日取得不载客试运行证书，12 月 20 日取得载客安全证书，12 月 23 日组织有轨电车三期初期运营基本条件评审，12 月 30 日三期线路载客初期运营。

## 10.5 联调联试和运营筹备总结

(1)运营筹备工作应尽早组织开展，特别是新建有轨电车的城市，应尽早开展驾驶员的招聘和培训；确定运营单位后，运营单位应尽可能提前介入有轨电车项目的规划、建设，参与验收、联调联试、试运行和初期运营、制定相关运营政策和应急预案，为实现有轨电车线网运营服务目标奠定基础。

(2)联调联试工作是保障有轨电车系统功能实现、确保工程质量、实现建设目标的重要环节。松江有轨电车示范线管理团队组织制定详细调试管理规定，验证了各专业系统间接口联动、系统功能的测试保证了各系统专业达到设计功能和运营维护需求。

# 11

# 质量安全管理

## 11.1 质量管理

工程建设质量是工程的生命，工程建设质量可分为勘察质量、设计质量、实体质量、内业质量四大块。从工程建设周期性可分为前期阶段质量控制、建设过程中质量控制、工程验收质量控制。通过精细化管理，严守工艺纪律，消除质量隐患，确保质量，创造精品工程。

松江有轨电车线路以地面敷设为主，局部高架敷设，对实体性质量要求注重结构安全性与结构耐久性；对功能性要体现"以人为本、使用方便"的理念；由于松江有轨电车建设是与市政道路紧密结合在一起，所以在外观质量上要与环境、生态、景观统一协调。

本工程的质量包括勘察、设计、施工、监理、试验检测、监测、设备、构配件生产等方面，工程质量应符合国家或本市行业现行的法律、法规、技术标准、质量标准、勘察、设计文件的要求。涉及的内容主要有轨道工程、路基工程、桥梁工程、车站建筑、房建工程、机电工程以及相关的附属工程等。

### 11.1.1 工程建设全周期质量管理控制

1. 工程建设前期质量控制

从工程技术着手，及时编制各类专项质量管理方案，及时组织设计、施工、监理单位等进行各类质量交底，并督促施工单位制定施工技术方案，同时通过参与监理组织的施工方案讨论会，讨论各项技术措施的可行性和经济性及质量保证措施，提出优化方案或改进意见。

根据沪建安质监〔2006〕第164号《关于落实建设单位委托建设工程检测业务的通知》要求，承担本工程各种试验的单位必须具备相应资质等级，委托具有资质的工程检测单位负责本工程的检测工作。

本工程建设实行工程质量备案制度，在工程开工前，负责向相关质量监督总站报监。

工程开工前，应督促施工、监理单位制定并落实工程控制的各项目标和要求，确保工程能按各项控制目标要求实施。

组织监理、施工单位对工程实施过程中可能出现的难点、风险点进行梳理、分析，制定有针对性的管理措施，在工程实施阶段予以控制。

工程受监完成，在受监单位实施质量管理交底后，应组织对各参建单位质量管理交底。

2. 工程建设过程中质量控制

根据国家和上海市有关规定，在工程建设中使用的原材料、机具设备、构配件、成品、半成品、测量器具、试验设备等，均应符合相关质量、技术要求。应及时会同设计明确工程

“四新”的具体质量控制要求及验收方法。

组织勘察、设计、施工、监理等单位领桩、交桩，要求施工单位和监理单位对控制桩进行校核，要有校核记录，并落实保护措施。

督促施工单位按照事先制订明确的工程质量目标及管理计划，积极参与QC攻关、创优质工程等劳动竞赛，以最大的努力实现工程质量目标管理计划。

在工程建设中，督促各工程质量责任单位根据工程的性质及特点，建立健全质量责任制及管理体系，并督促参建各方配备各类专业的工程技术人员，具体负责工程现场的各项管理内容，并设立相应的工程质量管理部门，配备工程质量管理人员，建立完善的工程质量管理网络。

工程的招标文件、承发包合同、勘察文件、设计文件、技术标准、质量标准、设计变更文件等是评定工程质量的依据。对工程建设过程中的设计变更和工程质量问题的处理，必须事先经过建设单位审核认可。

每月召开一次质量工作会议，针对外场和内业存在的质量问题或隐患进行分析和汇总，研究、部署防范重特大事故的发生，并提出针对性的动态管理控制措施和要求，协调解决施工过程中出现的新问题。通过会议及时传达关于质量控制及相关工作要求等行业主管部门下发的最新规定、要求，并落实和指导具体工作。

为规范项目管理的质量控制，掌握项目实施的进度情况，编制了监理质量工作月报范本，明确填写要求：本月工程情况（包括进度、新开工情况）、办理相关工程建设手续情况（报监、施工许可证等）、设计交底、实际人员到位及施工组织审批手续情况、工程质量情况、质量问题、事故的处理措施和处理情况等相关内容。

在建设过程中采取定期、不定期或专项检查等几种检查方式，监督工程参建各方的工作质量及工程实体质量，对发现的偏差及不足，及时督促整改消缺，确保工程各项质量目标的顺利实施。

工程质保资料是工程实体质量的真实写照，通过组织专项培训，日常检查、考评等手段，不断督促、激励施工单位与监理单位做好此项工作。

根据工程进度情况，及时组织参建各方参与相关奖项的评选工作。

3. 工程建设验收质量控制

示范线工程质量检验资料和竣工资料应按档案馆及相关部门的要求做到统一规范化，施工单位须事先提出统一的工程质量检查表式，报建设单位认可。单位工程、分部、分项工程亦要事先划定报行业主管部门认可。

单位工程质量验收也称质量竣工验收，是工程投入使用前的最后一次验收，也是最重要的一次验收。构成单位工程的各分部工程应该合格，除有关的资料文件应完整以外，还须进行以下三方面的检查。

首先，涉及安全和使用功能的分部工程应进行检验资料的复查。不仅要全面检查其完整性（不得有漏检缺项），而且对分部工程验收时补充进行的见证抽样检验报告也要复核。这种强化验收的手段体现了对安全和主要使用功能的重视。

此外，对主要使用功能还须进行抽查。使用功能的检查是对建筑工程和设备安装工程最终质量的综合检验，也是建设单位最关心的内容。因此，在分项、分部工程验收合格的基础上，竣工验收时再做全面检查。抽查项目是在检查资料文件的基础上由参加验收的各方人员商定，并用计量、计数的抽样方法确定检查部位。检查要求按有关专业工程施工质量验收标准的要求进行。

最后，还须由参加验收的各方人员共同进行观感质量检查。观感质量验收，往往难以定量，只能以观察、触摸或简单量测的方式进行，并由个人的主观印象判断，检查结果并不给出"合格"或"不合格"的结论，而是综合给出质量评价，最终确定是否通过验收。

结合工程实际情况，及时组织不同专业接口的验收移交工作。

工程在未交付使用之前，督促施工单位负责保管。在保修期内如果有工程质量缺陷等问题，施工单位应无条件按设计原样修复，通过监理单位和建设单位检查认可，并报监督部门备案。

### 11.1.2 质量管理控制要点

1. 原材料质量控制

在工程建设过程中，根据上级部门及行业主管部门的相关要求，会同参建各方实行材料准入制，材料进场前实行考察、比对、抽检等控制手段，通过对原材料进场质量进行严格的把控，来确保工程实体质量。

按照合同的约定、设计及有关标准要求采购材料，采购前施工单位向监理工程师提供产品合格证明和样本，并在材料到货前 24 h 通知监理工程师进行初检。

采购和供应的材料，应得到监理工程师的批准和认可，未经监理工程师的批准或认可，不得私自将材料运进现场，更不得将材料用于本工程。

材料在使用前，应按监理工程师的要求进行检验或试验，如监理工程师对检验过的材料表示怀疑时，有权进行抽样检验，不合格的不得使用。因发现采购并使用不符合设计或标准要求的材料，致使工程不符合合同规定的质量要求，应按监理工程师的要求进行修复、拆除或重新采购。

2. 路口轨道与路面沥青结合处质量控制

在松江有轨电车施工过程和养护过程中，由于轨顶密封胶是柔性，沥青是刚性，在车辆通过，特别是转弯、掉头时，车轮侧向挤压沥青向钢轨方向的力，会使沥青在与轨顶密封胶结合的部位产生细微碎裂。在时间的积累下，沥青会不断开裂，碎石会被车辆压入轨顶密封胶内，使轨顶密封胶失效，不能起到杂散电流防护作用，外观质量极差，并且带来大量的路面养护工作，如图 11.1 所示。

因此，路面沥青摊铺前，应选取一段直线路段作为试验段，其长度控制为 100～200 m。在试验段中，抽样检测混合料的沥青含量、矿料级配、稳定度、流值、空隙率、饱和度、密实度等，以验证矿料级配和沥青用量。通过修筑试验段，优化拌和、运输、摊铺、碾压等施工机械设备的组合和工序衔接，对技术标准、材料及使用、劳务队伍与施工方案进行验证，总结工艺和质量控制要点，形成最终施工方案。

同时要加强过程质量控制与验收总结，如每完成 1 km 应对外观及各项检测数据进行梳理、统计。当发现异常时，停止施工，分析原因，找出影响因素，采取措施。松江有轨电车工程普通路段沥青铺装和岔区路段沥青铺装如图 11.2 和图 11.3 所示。

图 11.1　轨顶密封胶失效

图 11.2　普通路段沥青铺装

图 11.3　岔区路段沥青铺装

3. 加强对防排流及柔性包覆系统的质量控制

松江有轨电车工程采用直流 750 V 接触网供电并以走行轨作为回流通路的供电系统。有轨电车系统的钢轨和扣件系统均为埋入式结构，位于营养土或道路铺装层之中，这样整个轨道结构便与周边的环境融为一体。由此带来的问题也是显而易见的，即轨道结构很难与周边环境形成完全的电气绝缘，这较城市轨道交通系统采用的轨道结构裸露的钢轨回流系统更难做到绝对绝缘，不可避免地导致部分钢轨回流电流流入大地，由此形成杂散电流，再经过大地流经地下金属结构物，产生电化学腐蚀作用。

在有轨电车系统中，除了采用城市轨道交通系统中常用的防迷流措施外，还考虑在轨腰两侧、轨底设置柔性包覆材料系统，实现绝缘材料对钢轨断面的全包覆，以获得加大钢轨对地泄漏电阻的效果。这也是国内外有轨电车系统通常的做法。

而在实际施工时，由于道床施工过程中轨枕间距产生误差，误差累积到一定程度轨腰护块尺寸不能匹配，同时若施工单位质量管控不严、操作工人偷工减料、监理单位责任心不强、监管不力，会造成轨道包覆系统质量存在隐患，如图 11.4 所示。

由于杂散电流会对钢轨及其金属附件、钢筋混凝土结构物内钢筋（如轨道板内钢筋）、附

图 11.4　轨道包覆系统质量隐患示意

近地下金属材质管道产生电化学腐蚀，在项目建设过程中须对杂散电流的危害引起足够的重视。为确保松江有轨电车运营安全，应在施工过程中，把好中间检查和验收关，建立工序转换验收制度，特别是针对杂散电流防护系统工程的隐蔽工程，必须在施工单位自检合格基础上，经监理工程师检查验收和检测合格后，方可隐蔽，进入下一道工序施工。严禁因前道工序不合格进入后续施工。松江有轨电车示范线工程轨道包覆系统施工质量现场照片如图 11.5 所示。

图 11.5　松江有轨电车示范线工程轨道包覆系统施工质量现场照片

4. 首件制管理

管理人员、技术人员和操作工人的工作水平参差不齐是一个客观事实。为加强工程质量管理，确保工程质量，在松江有轨电车示范线项目实施“首件工程认可制”。

“首件工程认可制”是指对每一个单项工程，在开工前，从技术培训、技术交底、材料进场、施工工艺、技术要求、质量控制等方面进行分析、论证，制定施工方案及措施。样品工程施工完成后，对样品的各项质量指标进行检测，并将检测结果进行分析、对比，再对施工方案进行修改完善，然后下令试生产，待施工工艺和质量满足要求后正式批量生产。“首件工程认可制”按照“预防为主，先导试点”的原则，对首件工程的各项工艺、技术和质量指标进行综合评价，确定最佳工艺，建立样板工程，以指导后续工程批量生产，预防和纠正后续批量生产中可能产生的质量问题。

为了将“首件认可制”做实做牢，对重要的检验批和采用新技术新工艺的检验批，要求所有施工单位开展“首件定标”活动。在“首件定标”活动中，应认真总结经验教训，重点是找出不足之处和细节上缺陷，并提出进一步改进措施。

5. 强化关键工序监理的管控质量

建设单位应充分发挥监理单位在质量、安全方面的管控作用，更好地为项目服务，使工程质量、安全有保障而又不影响工程进度。要求监理单位在关键部位、关键工序（特别是隐蔽工程施工时）的施工质量实施采取全过程现场跟班、监督、检查的方式，并在现场监督第三方检测进行复验。做好旁站监理记录及监理日记，旁站监理人应及时发现和处理旁站监理过程中出现的问题，如实准确地做好旁站记录。凡旁站监理人员和施工现场质检人员未在旁站监理记录上签字的，不得进行下一道工序施工。旁站监理人员在旁站监理时，发现施工单位有违反工程建设强制性标准行为的，有权责令施工单位立即整改；发现其施工活动已经或者可能危及工程质量的，应当及时向建设单位报告。

建设单位应加强对过程资料的管理工作，加强对施工过程质量控制资料的审核。对监理资料的整理、保存要有严格、明确的要求，要时刻检查，保证资料真实性、完整性、及时性、严肃性和可追溯性。

6. 接管单位提前介入，参与工程质量验收

根据以往工程经验，安装承包商在按照施工设计图纸完成施工和有关验收工作后，在工程向运营部门移交之前，运营部门往往会从运营安全、便利方面再提出一些整改要求，但由于工程已经实施完成，再进行更改会给施工安装带来很大不便，同时也是一种资金的重复投入。在示范线工程建设过程中，从建设初期就提前邀请运营部门介入，重点对有关功能设计及施工安装的质量进行监督、把关，从运营需求角度出发，对设计、施工及时提出意见，以减少工程实施中的反复，确保工程质量达标，最终移交的顺利进行，同时也有利于运营方接管后的管理。

7. 关键人员管理

人员作为项目实施过程中质量控制的一个主要控制源，应做到在项目实施前，要求各参建单位必须根据合同文件约定，组建项目管理机构，且机构中的主要管理人员必须到位，对确有原因不能到位的，应做到根据相关文件要求，及时进行人员变更，并在获批后方能调换。

项目经理是项目管理体系中的核心，是工程现场的第一责任人，责任人的缺失或虚设易导致职责不明、责任区分不清、相互推诿等恶性管理现象，严重影响工程项目管理的严肃性和有效性。相对来说，总监是监理机构的核心人物，受业主委托，从质量、安全、进度、投资、合同等方面进行全过程监督控制工作，总监不到岗位履行职责，是严重失职和不负责任的表现。

在工程实施阶段，建设单位应组织不定期的专项检查，对未请假而无故不在施工现场的项目经理、总监采取约谈的形式予以口头批评教育。在约谈后仍不改正的单位与人员，将采取罚款和人员清退的措施予以处罚。

### 11.1.3 工程保修

本工程保修期按招标文件规定或“建设工程质量管理条例”执行。

施工单位在提交竣工验收报告时，应当向建设单位出具保修书，明确建设工程的保修范围、保修期限和保修责任。

建设工程在保修范围内和保修期限内发生质量问题的，建设单位组织监理单位、施工单位进行保修工作，施工单位应当履行保修义务，并对造成的损失承担责任。

## 11.2 安全管理

建设安全是企业的头等大事，安全是实现社会效益及企业效益的保证，安全是法律赋予企业的义务和责任。建设管理单位及各参建单位应遵循“安全第一、预防为主、综合治理”的工程安全管理原则，建立健全工程安全管理制度，保障有轨电车建设安全。安全生产管理工作应贯穿于有轨电车建设管理全过程。

### 11.2.1 管理程序

1. 施工前期管理重点

(1)建立安全管理组织机构

成立以建设单位负责人为组长，项目经理、副经理、总工及各部门负责人参加的安全生产领导小组，全面负责项目的安全生产工作，并确保安全经费的有效投入和使用，满足正常施工需要。

管生产必须管安全，各级主管领导干部在管理生产的同时，必须管理安全工作。在计划、布置、检查、总结、评比生产的时候，同时计划、布置、检查、总结、评比安全工作。建设单位的全体员工必须在各自的工作范围内对实现安全生产的要求负责。

安全生产领导小组的职责是负责本工程施工全过程安全生产的控制及相关方面的管理，贯彻实施建设单位制定的各项安全管理制度和目标，对项目的安全管理体系有效运行负责。

(2)安全责任目标分解

建设单位应层层落实安全生产责任制，安全施工实行多级目标分解，即一级管理由建设单位负责人负责，二级职能部门与项目经理具体负责安全工作的抓、管及落实情况，三级标段负责人对本标段的安全行为负责，四级管理由施工单位专职安全员负责检查项目安全体系的运行情况。在明确管理责任、配备齐安全管理组织机构和力量的同时，充分发挥党、团、工会组织的优势，形成一个“主要领导负责，主管领导主抓，主管及职能部门具体落实，各级组织协管共建，全员参与”的平面台阶式安全网络。

(3)建立健全安全生产责任制

安全生产责任制是企业劳动保护规章制度的核心，以人为本的体现，是实现企业管理的客观要求和重要内容，也是企业行政岗位责任制和经济责任制的重要组成部分。

建立和健全以安全生产责任制为中心的各项管理制度，是保障安全生产的重要组织手段，也是贯彻安全生产方针、实现安全管理目标的有效载体。安全生产责任制是企业安全生产管理中最基本的一项制度，是根据“管生产必须管安全”“安全生产人人有责”的原则，明确规定各级领导、各职能部门和各类人员在生产活动中应负的安全职责。安全生产责任制不仅从制度上固定下来，而且可增强各级管理人员的安全责任心，使安全管理纵向到底、横向到边、专管成线、群管成网，做到责任明确，协调配合，共同努力，真正把安全生产工作落到实处，实现项目的安全管理目标。

(4)重大危险源的辨识

工程项目在开工前，由建设单位召开参建各方共同召开的安全会议，会上建设单位、施工单位、监理单位三方，应针对工程特点、规模、地质土质、现场环境等情况，依据国家现行法律、法规、部门规章、强制性条文及强制性技术标准等，将工程各施工阶段、各部位所需控制的危险源和环境因素一一列出，将其中导致事故发生可能性较大的且发生事故后会造成严重后果的危险源定为重大危险源，提出预控措施。

建设单位、施工单位、监理单位三足鼎立，共同承担项目的建设及安全保障任务。应从“事前、事中、事后”三个方面，编制出重大危险源的控制措施，动态地对重大危险源进行识别分析，并根据工程进展不断补充、完善。

(5)开展各类隐患排查

建设单位应组织参建各方适时开展各项隐患排查，坚持“安全第一、预防为主、综合治理”的方针，有组织、有计划、有目的地开展了安全质量隐患排查工作，不留死角，并采取科学有效措施积极治理，务必有效防范和遏制各类安全质量事故发生。在实际过程中应秉持“边检查边整改，以检查促整改”的原则，对检查中发现的安全隐患，应立即采取有效措施予以整改，或制定落实防范措施，限期完成整改，确保各项工作措施、责任落实到位。

*2. 施工过程中的管理重点*

(1)临时用电管理

有轨电车施工现场，土建、设备安装等单位较多，所有单位都离不开临时用电。由于现场临时用电不规范导致的触电伤害、火灾事故在建筑行业发生的安全事故占有很高的比例。施工现场临时用电应采用电源中性点直接接地 220 V/380 V 三相四线制低压电力系统，采用三级配电两级保护，TN-S 接零保护，必须做到“一机、一箱、一漏、一闸”。施工现场临时用电的维护工作，必须由经过安全生产监督局指定地点培训，并取得电工作业资格的人员担任并持证上岗。

(2)特殊工种管理

电工、电焊工、吊车司机、司索工等都属于特种作业人员。特种作业人员操作证必须经安全生产主管部门指定地点考试合格后才能取得。换句话说无证操作人员就是未经特种作业培训的人员，他们对于这些特殊工作的操作规程、安全控制措施等都相当模糊、似懂非懂，这类人员从事特种作业最易发生安全事故。因此，要保证特种作业的安全，必须要坚持特种作业人员持证上岗。

(3)交叉作业

在有轨电车建设期间，焊轨、四电集成、线缆铺设、调试作业与车站装修等工序均存在交叉作业和不可避免的施工干扰，各单位进场后独立开展工作，势必形成工序间的相互制约和影响，同时相互间带来的安全隐患也是层出不穷的。作为建设单位，必须统一管理，为各参加单位搭设沟通和协调的平台，形成相互配合相互支持的良好局面。

(4)大型设备的搬运

有轨电车各类设备的机柜、机电的风机等大型设备的搬运存在的安全隐患特别大，要安全完成这项工作，必须加强各单位间的沟通与协调，制定出具体的搬运和安装方案，在安装时必须对施工区域进行临时封闭，避免闲杂人等进入施工现场并配备专人负责指挥，避免各类事故的发生。

(5)交通组织

有轨电车施工过程中难免会对周围的道路交通产生一定的影响，因此，在施工前，建设单位应牵头各参建单位制定交通组织方案，及时与交警部门进行沟通，施工前办理好相关的手续，施工过程中成立交通组织小组，在翻交区域设置交通指示牌及警示牌，对施工进行科学、合理的组织，使施工车辆的出行避开交通高峰期，减少交通高峰期的车流。在人员管理中，对负责交通疏导的人员进行统一培训，并派发反光背心，对进出工地各种工程车辆的驾驶员由施工单位进行交底，杜绝各种违章作业。

(6)转体梁施工

松江有轨电车施工时，G60 转体梁施工因跨越高速公路施工安全风险大，故在施工前建设单位多次组织召开现场会议，会同施工单位编制桥梁转体专项交通组织方案，并报市交警评审通过后实施。在转体梁施工过程中，施工单位及监理单位 24 h 进行旁站作业，确保施工安全。

(7)管线保护

开工前，建设单位组织相关管线单位和施工单位、监理单位参加管线综合调度交底会。管线责任单位将管线的性质、走向、埋深、管径以及管线的变化情况尽量向施工单位交底清楚，并对施工现场派出监护人员。施工单位在制定施工组织设计方案时，要从现状管线保护角度考虑方案的可操作性和安全性，从方案上保证管线安全。

(8)轨行区安全管理

轨行区管理实施请点准入制度。轨行区管理组织设两级管理机构：第一级是轨行区管理领导小组，由建设单位负责牵头，具体领导协调轨行区管理工作；第二级是轨行区调度办公室，轨行区工程施工阶段由各参建单位、监理单位及各申请单位组成，并具体负责轨行区日常管理。列入周施工计划的申请单位施工前必须申报轨行区作业单，获得调度室审批后方可有效。各施工单位进入轨行区施工，必须安排专人负责防护工作，确保施工安全。

3. 事故处理

根据《生产安全事故报告和调查处理条例》，工程建设安全事故划分为特别重大事故、重大事故、较大事故和一般事故四个等级。

(1)事故上报流程

事故上报流程如图 11.6 所示。

(2)事故的调查与处理

施工现场发生安全事故时，按照《生产安全事故报告和调查处理条例》(国务院令第 493 号)的规定进行调查处理。施工单位应立即停工并如实向建设单位和当地安全生产监督管理部门报告，并在规定时间内提交书面报告。发生安全事故后，施工单位应严格保护事故现场，

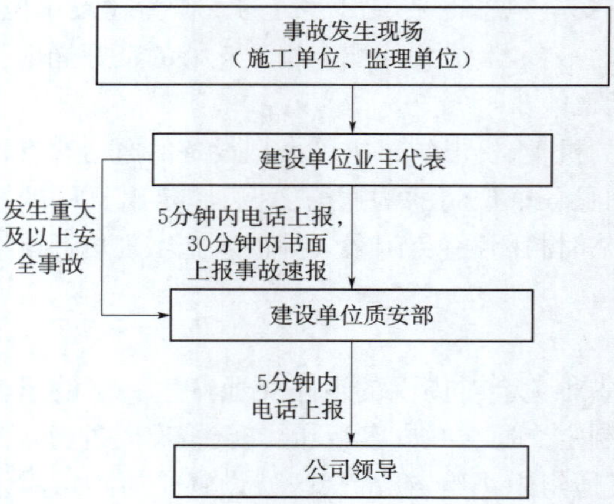


图 11.6　事故上报流程

采取有效措施抢救人员和财产，防止事故扩大。需要移动现场物件时，应做出标志并做好书面记录，现场重要痕迹应当拍照或录像，妥善保管好有关物证，配合做好事故调查，事故调查应按“四不放过”要求组织进行。

## 11.2.2　文明施工管理

松江有轨电车示范线项目的文明施工管理依据《上海市建设工程文明施工管理规定》执行，日常工作中，建设单位针对文明施工措施费落实、施工前期管理、施工现场管理、农民工作业和生活环境以及道路管线、拆房、夜间施工等方面进行重点管控，定期及不定期对各标段进行文明施工检查，确保有轨电车的文明施工作业达标。文明施工管理措施有：

1. 强化文明施工意识

对全体参建单位实行定期文明施工教育，认真学习《文明施工管理办法》，统一思想，使各参建单位认识到文明施工是企业的形象，是队伍素质的反映，是安全生产的保证。提高参建单位文明施工和加强现场管理的自觉性，形成“人人讲文明，处处现文明”的良好氛围。

2. 建立文明施工责任制度

在明确文明施工目标后，要建立各级领导文明施工责任制，明确各参建单位项目经理作为文明施工第一责任人，明确分工，落实文明施工责任区，定期或不定期地对工地进行检查评定，做到“事事有人负责，处处有人管”，真正把文明施工落到实处。

3. 提高文明施工水平

加强现场文明施工的管理，维护现场整洁和安全，使文明施工规范化、标准化、制度化；认真贯彻地方政府和业主有关文明施工的各项要求，推行现代管理方法，科学组织施工，做好现场文明施工的各项管理工作。

4. 严格奖惩制度

加强对文明施工现场的检查监督，从严要求，持之以恒，使文明施工现场管理真正抓出成效。建设单位组织对各项目实行定期或不定期检查的文明施工专项检查，对照评分，严格奖惩，交流经验，查纠不足，形成良好的文明施工宣传氛围。

# 11.3 档案管理

## 11.3.1 概述

建设项目竣工档案是指在建设项目建设过程中直接形成的具有归档保存价值的文字、图表、声像等各种形式的历史记录，经编制整理后形成，并在建设项目（工程）竣工验收后归档的各环节的资料，它是基本建设项目管理工作的重要组成部分，也可简称为竣工档案。

项目建设中工程档案管理是整个工程管理中一项重要的基础工作，它的形成和积累贯穿于整个项目建设全过程。一个工程项目从立项审批、招投标、勘察设计、施工及竣工验收等各个阶段所形成的全部文件资料必须完整准确地体现项目建设全过程。因此工程档案管理工作必须从项目源头抓起，在实施过程中进行巩固，并顺利完成竣工档案验收，才可保障项目管理工作的整体可控，进而保证工程档案的完整、规范。

## 11.3.2 工程档案管理要求

示范线工程项目属松江区重点工程，必须严格按照上海市松江区档案馆、建设单位下发的相关标准、法律法规的要求，进行工程档案的收集、整理、立卷、编制目录等工作。因此，各参建单位在编制过程中要注意做两套档案。经各方商议，委托第三方档案编制单位对工程竣工档案进行收集、编制、验收。

示范线工程档案工作按照统一领导、集中管理的原则，由建设单位监督、第三方制定相应的管理制度、明确工作职责，指导各施工、监理单位建立档案管理网络，档案编制程序。为确保工程竣工顺利移交档案，各施工总承包单位的项目经理、各监理单位总监应为档案负责人，下设专职档案员对各自负责承担的工程档案进行管理。其中，档案员应派有档案专业上岗证或经过档案培训的人员担任，在工程竣工档案移交前，档案工作人员不得随意调换，如确因工作需要，应提前一个月报建设单位相关部门同意，办好档案交接手续工作后，档案人员方能调换。

## 11.3.3 准备阶段

1. 档案工作交底

施工、监理单位进场后，建设单位根据有关文件，配合第三方制定《档案管理办法》和竣工档案代号表，及时组织对施工、监理单位进行了交底，明确档案编制数量、质量要求、交验期限以及违约责任等，并下发相关的管理规定、档案归档范围、整理要求等文件。

2. 业务培训

工程开工前，为使施工、监理单位了解资料编制和管理方面的工作，建设单位要求第三方制订培训计划，邀请松江区档案馆档案负责人对各参建单位进行档案知识培训，进一步帮助各参建单位熟悉了两套档案的做法，提高档案管理、编制工作的水平，为松江有轨电车示范线项目的竣工档案编制、管理打下良好基础。

## 11.3.4 实施阶段

1. 计划管理

为确保档案的完整性和真实性以及档案工作与工程进展同步，建设单位特制订档案工作检查及验收计划。要求第三方在对各参建单位进行日常检查指导的同时，根据工程质量验收进度，制订档案验收计划，定期组织档案专项季度检查，了解各单位档案工作的基本情况和进展，并对日常档案工作中发现的问题进行汇总，并提出要求限期整改。严格按照计划，完成检查及验收工作，并取得了相关证明文件。

2. 档案验收

建设单位要求第三方在施工过程中对施工、监理单位资料的收集、立卷工作进行指导、检查、督促，在工程实体完工后，由第三方组织松江区档案馆、建设单位档案负责人对竣工档案进行验收。

原则上在一个单位工程（或标段）质量预验收后的 2 周内，施工单位提交的竣工资料应事先经工程项目监理单位审查，通过并由其出具审查意见后，由第三方对施工单位提交的竣工资料进行预审，提出书面意见，并及时反馈施工单位进行整改。整改完毕后，经第三方复查，具备档案验收条件的，由第三方确定档案验收日期，组织松江区档案馆、建设单位进行竣工资料预验收，并向松江区档案馆上报“建设工程竣工档案检查结论单”。在预验收会议结束后，要求监理单位将各项问题汇总成会议纪要，向施工单位发出监理通知书。档案馆也会根据检查情况出具档案整改告知书，要求施工、监理单位在整改完成后填写整改回复单交业主核实、签字、盖章后向档案馆报送复查，复查合格后，获得各标段“建设工程竣工档案检查结论单”。

在施工监理部分档案验收完成后，建设单位将按档案标准规范收集的前期、设计资料并交予第三方，由第三方对整个工程项目的前期、设计、施工、竣工档案进行总的串联，并进行整个工程项目竣工档案终验，验收通过后方可获得由松江区档案馆出具的“上海市建设项目（工程）档案验收合格证”。

3. 档案移交

按照松江区档案馆规定，整个项目竣工档案的报送期限是在工程竣工六个月（各工程根据实际情况调整）内通过档案验收，获得档案合格证后，向使用单位、松江区档案馆及有关档案接收单位移交。

4. 档案管理中存在的问题及解决方法

工程档案管理的专业要求较强，由于很多单位管理者并没有意识到工程档案管理的重要性，很多工程档案管理人员是由工程技术人员兼职，只懂得工程的施工技术，对于档案管理知识缺乏一定的认识和了解，之前也并未接受过相应的专业业务培训，并不熟悉了解工程档案管理的基本流程、相关的管理制度以及法律法规，很多工程档案管理工作都只是在资料保管方面原地踏步，工作人员的专业素质水平参差不齐，工程档案管理工作缺乏一定的规范性。因此，在实际的工作中，缺乏相应的操作性较强的管理制度来规范实际的工程档案管理工作，导致档案的收集、管理工作难以顺利开展。

为做好工程档案的管理工作，要从以下几方面进行加强改进：

一是加强对工程档案法律、法规、标准的宣传工作，提高全社会的档案意识和法律意识。

二是以人为本，要求工程档案管理人员要定期参加理论学习，懂技术、会管理、业务精，并取得上岗证书。注重档案业务培训，要定期举办档案管理和业务的集中培训班，做好档案归档要求讲解，组织参建单位相关人员就项目档案工作的文件和标准等进行学习和掌握，不断强化档案业务基础工作，切实提高参建单位的档案管理水平，使项目档案管理基础工作得到有效保障，做好工程建设项目档案资料的收集、整理、编目、保管、利用等每个环节工作，确保工程项目归档材料良好、完整规范、系统配套。

三是建设单位管理人员深入现场，主动做好对重点工程档案业务指导，现场跟踪服务，积极做好项目档案的收集和整理，做到档案收集、整理与工程建设同步，认真抓好档案整理、归档、移交工作。

工程档案工作流程如图 11.7 所示。

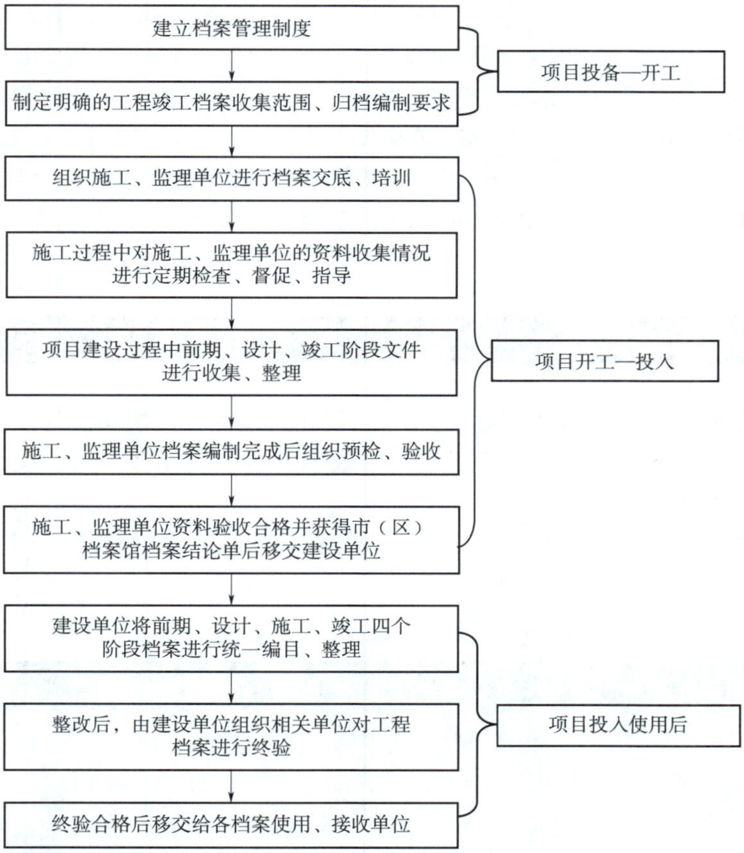


图 11.7　工程档案工作流程

# 12 验收移交管理

工程验收及移交管理的主要内容包括工程质量验收、工程验收、专项行政验收、工程移交等工作。专项行政验收必须在项目竣工备案前全部完成。建设单位应在全部工程完工且通过工程竣工验收及相关专项行政验收后，向运营管理单位或部门进行工程移交。工程竣工后的竣工结算应符合规定。在初期运营一年以上并且完成竣工结算、各项专项行政验收后，建设单位应向政府部门申请工程项目竣工备案。

2019 年初，交通运输部关于印发《城市轨道交通初期运营前安全评估管理暂行办法》的通知（交运规〔2019〕1 号）及交通运输部办公厅关于印发《城市轨道交通初期运营前安全评估技术规范　第 1 部分：地铁和轻轨》的通知（交办运〔2019〕17 号）陆续发布。松江有轨电车一期开通试运营在上述两个通知发布之前，故当时按国家及上海市关于轨道交通开通试运营的相关规定进行；松江有轨电车二期和三期开通初期运营在上述两个通知发布之后，故二期和三期严格按照交通运输部及其办公厅所发通知要求办理初期运营前安全评估。

## 12.1 工程质量验收

在工程准备阶段，松江有轨电车示范线项目以相关规范及使用功能为依据，对工程进行单位（子单位）工程、分部（子分部）工程、分项工程和检验批的划分，做到"验评分离、强化验收、完善手段、过程控制"。

项目在工程质量验收工作开展中，验收的形式、要求及程序，均参照各类验收规范要求执行。单位工程划分见表 12.1 和表 12.2。

**表 12.1　松江有轨电车项目土建工程单位工程划分**

| 序　号 | 单位工程 | 分部工程 |
|---|---|---|
| 1 | 路基改建工程 | 钻孔灌注桩、PHC 管桩、土石方工程、电气及通信预埋管道工程、整体道床板 |
| 2 | 路面工程 | 钢筋混凝土垫层、透层、沥青基层、沥青面层、附属工程 |
| 3 | 桥梁工程 | 地基基础、下部结构、上部结构、桥面系及附属工程、刚箱梁 |
| 4 | 轨道工程 | 线路基桩、道床、道岔、无缝线路架设、附属工程 |
| 5 | 车站工程 | 地基处理、独立基础、带形基础、主体结构、附属工程 |

表 12.2 松江有轨电车项目四电集成单位工程划分表

| 单位工程 | 子单位工程 | 分部工程 |
| --- | --- | --- |
| 松江有轨电车示范线项目四电集成(含供电、接触网、通信安装、信号安装、票务设备安装)施工总承包工程 | 变电所安装工程 | 土建变电所、箱式变电所 |
| | 区间电缆工程 | 电缆及光缆 |
| | 接触网工程 | 基础及预埋件、支柱、吊柱及接地极、支持结构、接触线架设、接触悬挂、设备、附加导线、警示防护、冷滑试验及送电 |
| | 杂散电流防护工程 | 排流系统、监测系统、均、回流系统、单向导通装置 |
| | 专用通信 | 通信管线、通信线路、电源系统及接地、传输系统、专用电话系统、无线通信系统、广播系统、时钟系统、乘客信息系统、办公自动化系统、视频监控系统、技术防范系统、火灾自动报警系统 |
| | 正线信号工程 | 电(光)缆线路、固定信号机、发车指示器及按钮装置、转辙设备、电客列车检测与车地通信设备、室内(外)设备、防雷及接地、室外设备标识及硬面化、联锁、ATS |
| | 停车场信号工程 | 电(光)缆线路、固定信号机、发车指示器及按钮装置、转辙设备、电客列车检测与车地通信设备、室内设备、防雷及接地、室外设备标识及硬面化、联锁、微机监测 |
| | 票务工程 | 管槽安装及检验、线缆敷设及检测、车票、车站终端设备、票务清分系统、电源、接地、防雷与电磁兼容 |

## 12.2 工程验收

根据《城市轨道交通建设工程验收管理暂行办法》(建质〔2014〕42 号),并参考上海市轨道交通建设管理的经验,松江有轨电车工程验收分为四个阶段,分别为关键工序验收、单位工程验收、项目工程验收、竣工验收。

《城市轨道交通建设工程验收管理暂行办法》(建质〔2014〕42 号)指出工程验收分为单位工程验收、项目工程验收和竣工验收三个阶段。而关键工序验收为具有上海特色的验收,由参加验收的各方在项目开工时,共同确定数个关键工序作为验收节点,关键工序验收通过后方能进入下一道工序的施工,关键工序验收为确保工程安全和质量发挥了重要作用。

### 12.2.1 关键工序验收

关键工序是指各专业施工过程中所涉及的对工程的质量、性能、功能等有直接影响的工序,关键工序验收作为分部工程验收的必要条件,是落实参建各方质量责任制的一项有效的质量控制措施。

关键工序验收应分节点、分阶段进行。验收节点的设定根据工程项目的规模和特点,由参建各方于开工前商定。

关键工序验收由建设单位组织参建各方参加,对验收内容进行全面评价,确认是否能进入下道工序。关键工序验收要求见表 12.3。

**表 12.3 关键工序验收要求**

| 序 号 | 参建单位 | 须具备条件 |
|---|---|---|
| 1 | 设计单位 | 根据本项关键工序验收的内容，对工程标准、工程内容、工程质量是否满足设计要求进行检查并提出意见 |
| 2 | 施工单位 | 完成本项关键工序验收的内容，并进行自验自评，形成工程节点验收小结 |
| 3 | 监理单位 | 对本项关键工序验收的内容进行检查，确认是否具备验收条件 |
| | | 形成工程质量评估意见 |
| 4 | 检测单位 | 根据本项关键工序验收工程内容，提交工程检测确认证明 |
| 5 | 监测单位 | 根据本项关键工序验收工程内容，提交监测工作情况小结 |

关键工序验收由建设单位或委托监理单位组织，设计、施工、监理单位参加，并请质监站相关人员监督。

验收由施工单位、监理单位汇报施工小结和评估意见，并经验收参与各方对现场工程进行外观和实测抽查，质量保证资料进行检查后，对该工序质量提出验收意见，对存在的问题立项整改，开具整改通知单。

质量验收合格(或整改销项达到合格)后，施工、设计、监理和建设单位须填写“关键工序质量验收证明书”，连同会议纪要、整改销项报告作为工程竣工验收的资料备存。

## 12.2.2 单位工程验收

单位工程验收是指在单位工程完工后，检查工程设计文件和合同约定内容的执行情况，评价单位工程是否符合有关法律法规和工程技术标准，符合设计文件及合同要求，对各参建单位的质量管理进行评价的验收。单位工程划分应符合国家、行业等现行有关规定和标准。单位工程验收条件见表 12.4。

**表 12.4 单位工程验收条件**

| 序 号 | 参建单位 | 须具备条件 |
|---|---|---|
| 1 | 建设单位 | 收到参建各方提交的报告，确认具备验收条件 |
| 2 | 设计单位 | 根据单位工程验收内容，对工程标准、工程内容、工程质量是否满足设计要求进行检查 |
| 3 | 施工单位 | 按合同约定完成验收范围工作量 |
| | | 完成所有关键工序验收、分部分项验收的整改销项 |
| | | 完成“三表一评”及各类安全、质量使用功能测试 |
| | | 经施工单位主管部门审查签认，明确自验自评等级 |
| | | 完成工程小结，单位工程完工资料和关键工序验收资料汇总等 |
| | | 完成并提交单位工程验收报验表 |
| 4 | 监理单位 | 组织专业监理工程师，依据有关法律、法规、工程建设强制性标准、设计文件及施工合同等，对施工单位报送资料进行审查，对单位工程进行全面检查，确认是否具备验收条件，并向建设单位报告 |
| | | 完成并提交监理评估报告 |
| 5 | 检测单位 | 根据单位工程内容，提交工程检测确认证明 |
| 6 | 监测单位 | 根据单位工程内容，提交监测工作情况小结 |

建设单位收到单位工程竣工报告后，由建设单位项目负责人组织施工（含分包单位）、设计、勘察、监理等单位项目负责人进行单位工程验收。

### 12.2.3 项目工程验收

项目工程验收是以标段为单元（可甩项），由建设单位组织、参建各方参加，对合同标段验收条件进行全面检查，确认是否符合验收条件。对甩项工程用关键工序验收的办法处理，不再重复做验收工作。项目工程验收条件见表 12.5。

表 12.5 项目工程验收条件

| 序号 | 参建单位 | 须具备条件 |
|---|---|---|
| 1 | 建设单位 | 收到参建各方提交的报告，确认具备验收条件 |
| | | 已根据合同约定完成工程款支付，并获得证明文件 |
| | | 获得勘察单位出具的“工程勘察质量合格证明”及“工程质量检查报告” |
| | | 获得设计单位出具的“工程设计质量合格证明”及“工程质量设计检查报告” |
| | | 获得施工单位出具的“工程施工质量合格证明”“工程竣工报告”“质量保修书” |
| | | 获得监理单位出具的“工程竣工报验单”“工程监理质量合格证明”“工程质量评估报告”和监理总结 |
| | | 获得检测单位出具的“工程检测确认证明” |
| | | 获得监测单位出具的“监测总结报告” |
| | | 获得消防、环保、卫生、防雷、档案等行政验收批复 |
| | | 预验收中的整改销项均已落实 |
| | | 完成建设总结，并拟定验收议程及验收组人员 |
| | | 完成“市政工程竣工验收条件审查表”填报 |
| 2 | 勘察单位 | 已通过对现场全面检查，确认工程施工质量达到勘察成果文件的要求 |
| | | 完成并向建设单位提交“工程勘察质量合格证明”及“工程质量检查报告” |
| 3 | 设计单位 | 根据预验收工程内容，对工程标准、工程内容、工程质量是否满足设计要求进行检查 |
| | | 完成并向建设单位提交“工程设计质量合格证明”及“工程质量设计检查报告” |
| 4 | 施工单位 | 按合同约定完成验收范围工作量 |
| | | 完成预验收提出的整改销项 |
| | | 完成“三表一评”及各类安全、质量使用功能测试 |
| | | 经施工单位主管部门审查签认，明确自验自评等级 |
| | | 完成竣工档案编制 |
| | | 完成并向建设单位提交“工程施工质量合格证明”“工程竣工报告”“质量保修书”及“三表一评” |
| 5 | 监理单位 | 在工程预验收后已督促施工单位完成整改销项，工程质量自评合格 |
| | | 在勘察、设计单位认可的基础上，对工程质量进行检查并核定质量等级 |
| | | 完成并向建设单位提交“工程竣工报验单”“工程监理质量合格证明”“工程质量评估报告”和监理总结 |

续上表

| 序号 | 参建单位 | 须具备条件 |
|---|---|---|
| 6 | 检测单位 | 完成并向建设单位提交“工程检测确认证明” |
| 7 | 监测单位 | 监测单位已对建设周期监测情况进行汇总分析，对是否影响后期运营进行评价 |
| | | 完成并向建设单位提交“监测总结报告” |

项目工程验收由建设单位组织，勘察设计、施工、监理单位项目负责人参加。项目工程验收应在相关质监站监督下进行。

对要提前进入下道工序施工的项目，因验收后对该项目无法再进行实测实量和外观检查的，必须在项目工程验收时完成实测实量、外观、内业验收，对存在的问题整改销项后经设计、施工、监理、建设单位确认完成，可提前交验，进行下道工序施工。其项目工程验收资料将作为竣工验收的有效资料备存。

### 12.2.4 竣工验收

工程竣工验收由建设单位组织，各参建单位项目负责人以及运营单位、负责规划条件核实和专项验收的城市政府有关部门代表参加，组成验收委员会（或验收组），在满足验收条件的情况下，对验收内容进行全面评价。

工程竣工验收应成立由参建各方与项目无直接关系的技术负责人或质量负责人组成的竣工验收组，验收组组长由建设单位法人代表或其委托的负责人担任，验收组副组长应至少由一名工程技术人员担任。项目勘察、设计负责人、施工单位项目经理、总监理工程师必须参加单位工程竣工验收；建设单位及相关单位（含运营维保单位）应派员参加。工程竣工验收应在相关质监站监督下进行。

松江有轨电车工程所包含的单位工程验收合格且通过相关专项验收后，方可组织项目工程验收。项目工程验收合格后，建设单位应组织不载客试运行，试运行三个月、并通过全部专项验收后，方可组织竣工验收。竣工验收合格后，城市轨道交通建设工程可履行相关试运营手续。

## 12.3 专项验收

专项验收是指竣工项目需根据政府相关行政主管部门要求，应完成的各类项目验收行政审批工作，一般为规划验收、环保验收、卫生验收、消防验收、防雷验收、档案验收、竣工备案等。

本项目专项验收工作开展中，仍根据原有的办事流程及要求开展验收工作，但目前上海市正在推进建设工程“一网通办”及“联合验收”工作，因此，建议后续项目在专项验收工作开展中，根据最新的行政主管部门的办事流程及要求开展工作。

### 12.3.1 规划验收

建设单位委托专业机构对竣工项目进行竣工测绘（含水系、道路、管线），获得“上海市建设工程竣工检测成果报告书”并备齐相关资料后，向上海市松江区规划和土地管理局提出验收申请，获得“上海市建设工程竣工规划验收合格证”。

### 12.3.2 环保验收

1. 初期运营前阶段

在建设项目竣工后、调试前，建设单位组织参建各方，通过对照环评文件及其审批决定，对项目建设情况、配套环境保护设施建设情况以及环保手续履行情况展开自查，完成“环保措施落实情况报告”编制、公示工作。

2. 竣工验收阶段

在建设项目初期运营期间，建设单位组织完成“工程竣工环境保护验收调查报告”编制工作，邀请专业技术专家提出验收意见，落实整改后登录“上海企事业单位环境信息公开平台”公示，且在公示期满后的5个工作日内登录“全国建设项目竣工环境保护验收信息平台”，填报相关验收情况并做好验收资料归档工作。

### 12.3.3 卫生验收

1. 试运行前阶段

建设单位委托专业检测机构，对竣工项目进行试运行前卫生学评价工作，由其出具“试运行前卫生学评价评价报告”，并备齐相关资料后向上海市松江区卫生和计划生育委员会提出试运行申请，通过监督后获得行政批复。

2. 竣工验收阶段

建设单位在项目开始试运行3个月后，委托专业检测咨询单位及时安排开展竣工验收卫生学评价工作，由其出具“竣工验收卫生学评价报告”，备齐相关资料后向上海市松江区卫生和计划生育委员会提出验收申请，验收通过后获得行政批复。

### 12.3.4 消防验收

建设单位委托专业检测机构，对竣工项目进行消防材料、设备、设施进行检测，由其出具“消防检测报告”，备齐相关资料后向上海市松江区公安分局消防支队提出验收申请，验收通过后获得行政批复。

### 12.3.5 初期运营前安全评估

1. 初期运营前安全评估

松江有轨电车示范线项目工程竣工验收合格后，由运营主管部门组织初期运营(试运营)基本条件评估。通过初期运营基本条件评估后，依法办理初期运营手续。

初期运营期间，运营单位按照设计标准和技术规范，对土建工程、设施设备、系统集成的运行状况和质量进行监控，发现存在问题或者安全隐患时，及时联系相关责任单位按照有关规定或者合同约定及时处理。

2. 初期运营后安全验收评价

初期运营期满一年，运营单位应当向城市轨道交通运营主管部门报送初期运营报告，并由城市轨道交通运营主管部门组织正式运营前安全评估。通过安全评估的，方可依法办理正式运营手续。对安全评估中发现的问题，城市轨道交通运营主管部门应当报告城市人民政府，同时通告有关责任单位要求限期整改。

根据规定，开通初期运营的线路有甩项工程的，甩项工程完工并验收合格后，应当通过城市轨道交通运营主管部门组织的安全评估方可投入使用。受客观条件限制难以完成甩项工程的，运营单位应当督促建设单位与设计单位履行设计变更手续。全部甩项工程投入使用或者履行设计变更手续后，城市轨道交通工程项目方可依法办理正式运营手续。

### 12.3.6 防雷验收

建设单位牵头，备齐相关资料，由上海市气象局防雷中心进行防雷检测，并出具检测报告。根据检测报告，采用“多验合一”的方式，多部门联合验收。

### 12.3.7 档案验收

建设单位督促各参建单位根据上海市松江区规划和土地管理局及其他部门相关要求完成竣工资料的整理、汇编、归档工作；完成竣工档案编制工作后，建设单位应向上海市松江区土地规划部门申请竣工档案验收，通过验收后可获得行政批复。

### 12.3.8 竣工验收备案

依据有关竣工验收备案的文件要求，竣工验收备案工作以合同标段为对象，须完成所有合同工作量，并完成竣工验收、相关专项验收后实施。在开展竣工验收备案工作中，建设单位应根据相关部门的办事流程，提供相应书面材料，并在办结时获得行政批复。

## 12.4 工程移交

工程移交主要是指正线、停车场、调度中心等区域的调度指挥权、设备使用权和属地管理权(简称三权)在相应的单位(子单位)工程竣工验收合格并通过初期运营前安全评估后，以区域/属地为整体，由建设单位组织、各相关单位参加的、与运营维保单位开展相关移交工作。

移交的内容包括现场实物清点、系统功能检验、技术资料交接、备品备件交接、质保期约定、遗留问题及后续施工确认等，具体见表 12.6。

**表 12.6 工程移交内容**

| 序 号 | 主要内容 |
| --- | --- |
| 1 | 通过工程验收，并完成整改销项 |
| 2 | 各专业设计文件、工程图纸、操作手册、主要系统设备技术功能规格书、维修手册、设备移交清单 |
| 3 | 完成现场设备的实际操作培训 |
| 4 | 应急抢险等设备配置到位，各专业所需的备品备件基本满足抢险、抢修需要 |
| 5 | 完成消防验收 |
| 6 | 其他事项 |

对所有设施设备的移交，交接双方应详细核查所移交设施设备的实际状态，并在相关移交文件中详细记录描述，对于交接过程中产生的具体问题，由双方协商解决。

## 12.5 验收移交表格及流程

根据各项验收移交的要求，制定了土建工程关键工序验收表、四电集成工程关键工序验收表、关键工序质量验收记录、关键工序质量验收汇总记录、无缝线路施工条件验收检查表等标准化的验收移交表格，对验收移交过程规范管理。

制定了分部分项工程验收流程、关键部位(工序)验收流程、单位工程验收流程、工程预验收流程、竣工验收流程、规划验收流程、环保验收流程、卫生验收流程、消防验收流程、安全验收流程、防雷验收流程、档案验收流程等多个验收移交流程。通过这些验收流程的制定，实现了对验收移交过程的规范化管理。

验收移交相关表格及流程见附录。

# 参考文献


[1] 上海申通地铁集团有限公司轨道交通培训中心. 城市轨道交通概论[M]. 北京：中国铁道出版社，2009.

[2] 陈关聚. 项目管理[M]. 北京：中国人民大学出版社，2011.

[3] 朱自强. 城市轨道交通建设项目管理指南[M]. 北京：中国建筑工业出版社，2010.

[4] 全国一级建造师执业职格考试用书编写委员会. 建设工程项目管理[M]. 北京：中国建筑工业出版社，2018.

[5] 周顺华. 城市轨道交通设备系统[M]. 北京：人民交通出版社，2009.

# 附　　录

## ■附录 1　质量管理网络

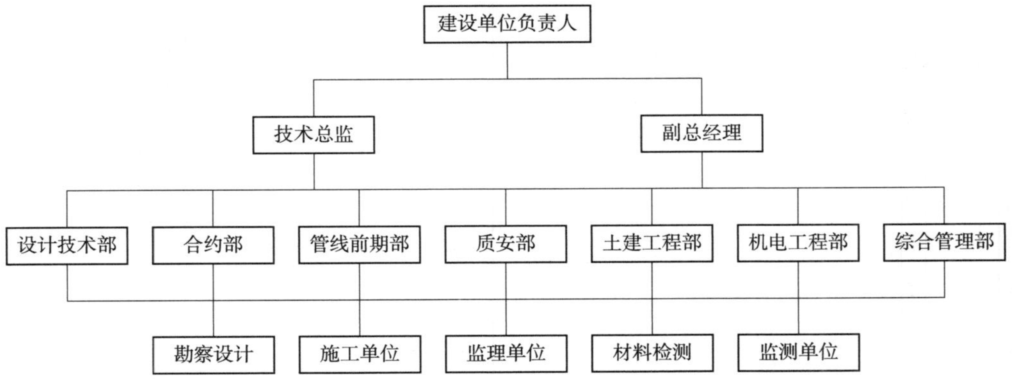


## ■附录 2　施工阶段质量控制的程序

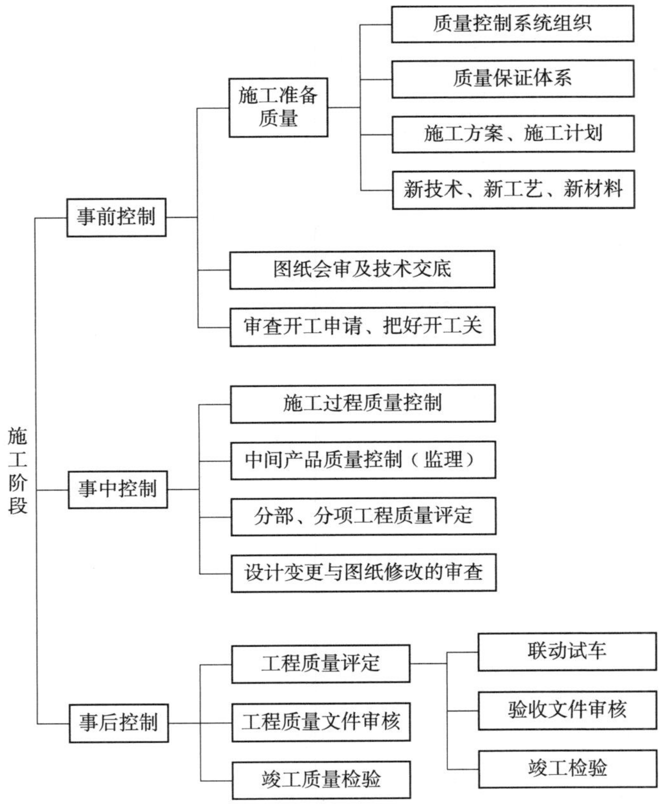

## 附录 3　施工阶段质量验收工作流程图

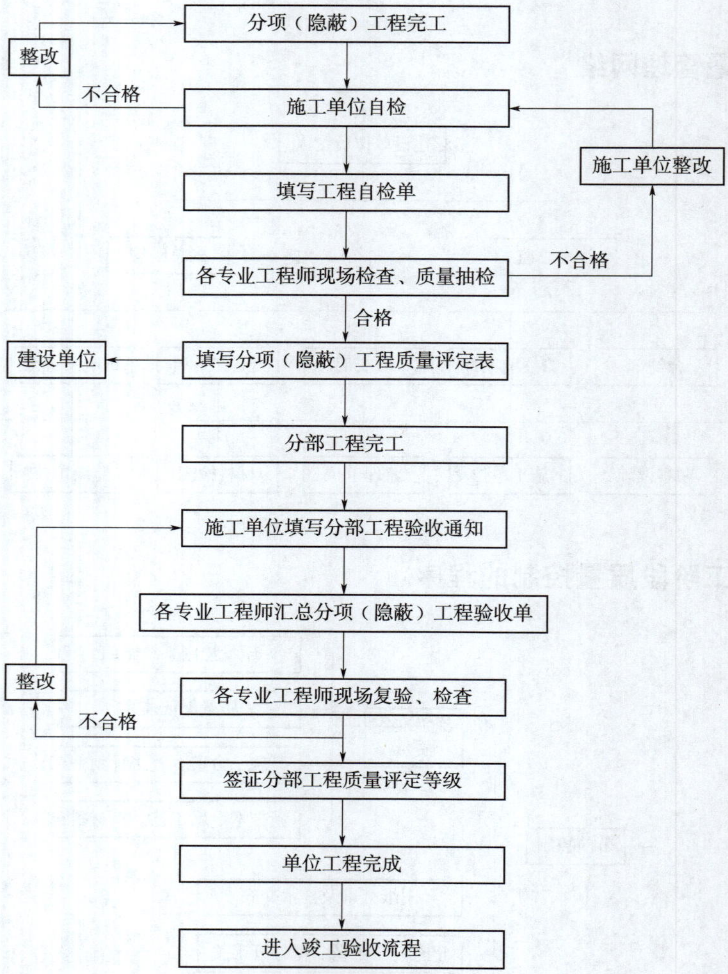

## 附录 4　质量问题处理流程图

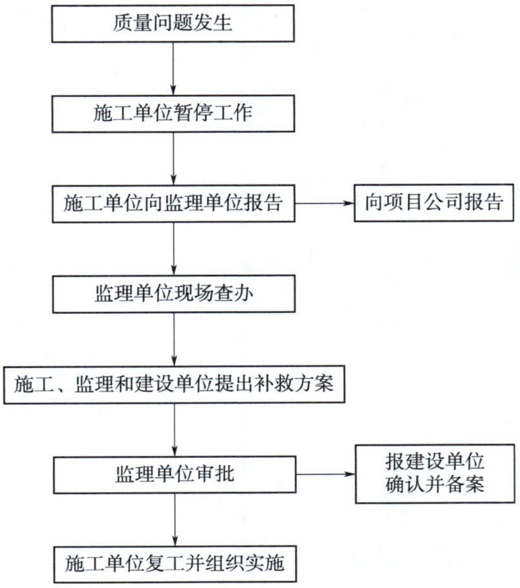


## 附录 5　重大质量事故处理框图

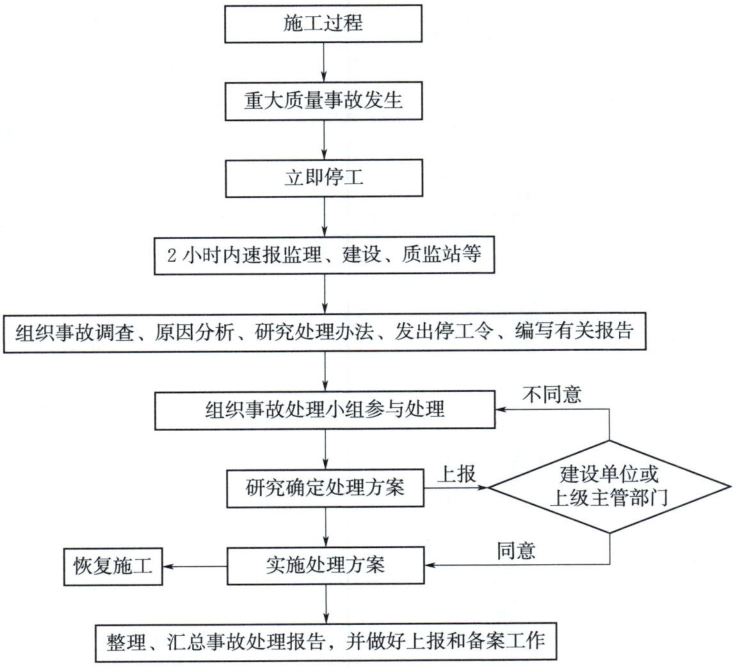

## 附录 6　保修阶段管理工作流程图

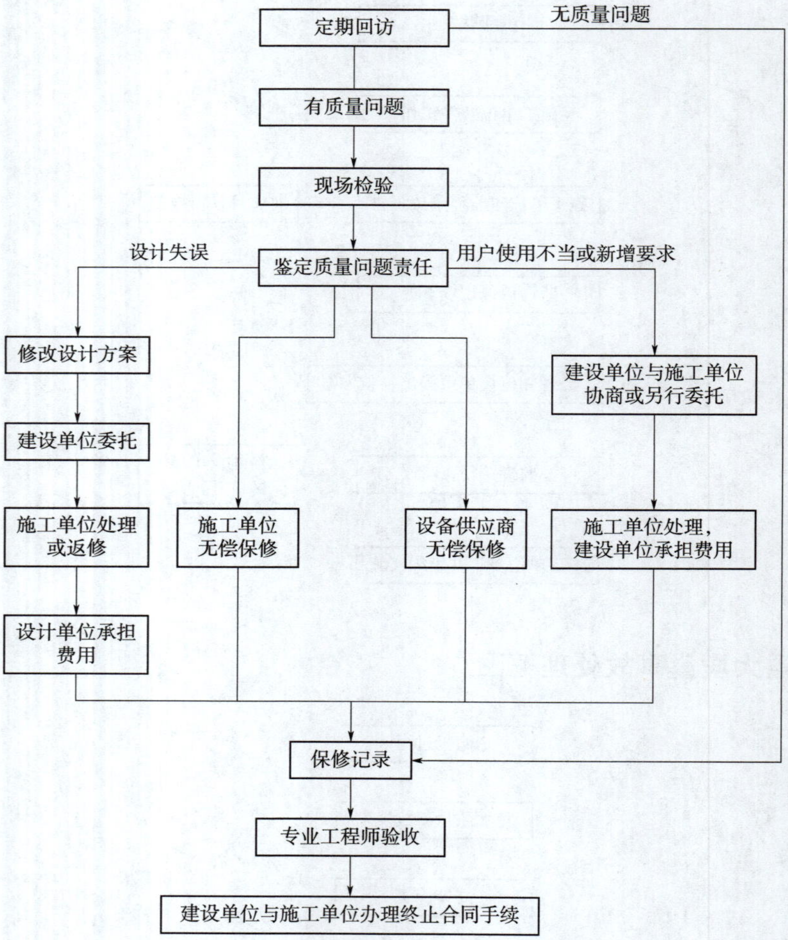

## ■附录 7　松江有轨电车示范线项目验收移交表格

**附表 1　土建工程关键工序验收表**

| 序　号 | 工程类别 | 验收阶段 | 验收部位(工序) | 参加单位 |
|---|---|---|---|---|
| 1 | 地基工程 | 地基处理(1 个区间) | 预制管桩、钻孔灌注桩 | 监督站、参建四方验收 |
| | | 地基处理完成 50% | 预制管桩、钻孔灌注桩 | 监督站、参建四方验收 |
| | | 地基处理完成 100% | 预制管桩、钻孔灌注桩 | 监督站、参建四方验收 |
| 2 | 轨道工程 | 长枕埋入式整体道床 1 个区间 | 轨道道床部分 | 监督站、参建四方验收 |
| | | 短轨枕埋入式整体道床 1 个区间 | 轨道道床部分 | 监督站、参建四方验收 |
| | | 有碴道床 1 个施工段(500 M 以上) | 轨道道床部分 | 监督站、参建四方验收 |
| | | 整体道床道岔 1 组道岔 | 轨道道床部分 | 监督站、参建四方验收 |
| | | 有碴道岔 1 组 | 轨道道床部分 | 监督站、参建四方验收 |
| | | 轨道道床完成 50% | 轨道道床部分 | 监督站、参建四方验收 |
| | | 轨道道床完成 100% | 轨道道床部分 | 监督站、参建四方验收 |
| | | 预制构件厂家中间检查 | 预制构件 | 监督站、参建四方验收 |
| | | 无缝线路钢轨焊接前 | | 监督站、参建四方验收 |
| | | 无缝线路(一个区间) | 轨道部分 | 监督站、参建四方验收 |
| | | 无缝线路完成 50% | 轨道部分 | 监督站、参建四方验收 |
| | | 无缝线路完成 100% | 轨道部分 | 监督站、参建四方验收 |
| | | 轨道附属工程(一个区间) | 排水横截沟、接触网基础、柔性包覆、管线预埋及检查井 | 监督站、参建四方验收 |
| | | 轨道附属工程完成 50% | 排水横截沟、接触网基础、柔性包覆、管线预埋及检查井 | 监督站、参建四方验收 |
| | | 轨道附属工程完成 100% | 排水横截沟、接触网基础、柔性包覆、管线预埋及检查井 | 监督站、参建四方验收 |
| 3 | 桥涵工程 | 每座桥梁(含天桥) | 桩基部分 | 监督站、参建四方验收 |
| | | 每座桥梁(含天桥) | 下部结构 | 监督站、参建四方验收 |
| | | 每座桥梁(含天桥) | 上部结构 | 监督站、参建四方验收 |
| | | 每座桥梁(含天桥) | 桥面系及附属 | 监督站、参建四方验收 |
| 4 | 车站工程 | 每座车站 | 土建部分 | 监督站、参建四方验收 |
| | | 每座车站 | 钢结构安装 | 监督站、参建四方验收 |

**附表 2　四电集成工程关键工序验收表**

| 序　号 | 工程类别 | 验收阶段 | 验收部位(工序) | 参加单位 |
| --- | --- | --- | --- | --- |
| 1 | 四电集成总承包施工工程 | 关键设备出厂验收 | 各专业重要物资设备出厂 | 参建四方验收 |
| | | 停车场基础制作 | 首次基础制作 | 参建四方验收 |
| | | 支柱及门型支架的吊装、安装 | 首次支架吊装安装 | 参建四方验收 |
| | | 接触网支柱安装 | 一个区间 | 参建四方验收 |
| | | 接触网支柱安装 | 完成 100% | 参建四方验收 |
| | | 接地系统测试 | 接地系统 | 参建四方验收 |
| | | 排流系统测试 | 接触网系统 | 参建四方验收 |
| | | 电气试验和继电保护 | 抽一个变电所 | 参建四方验收 |
| | | 变电所通电条件验收 | 一个开闭所 | 参建四方验收 |
| | | 冷滑试验 | 接触网系统 | 参建四方验收 |
| | | 热滑试验 | 接触网系统 | 参建四方验收 |
| | | 车站通信、AFC 设备安装 | 一个车站 | 参建四方验收 |
| | | 通信系统功能性能检测 | 通信专业各系统 | 参建四方验收 |
| | | 道岔、动力转辙机、轨道电路、轨旁设备性能测试 | 一个施工段 | 参建四方验收 |
| | | 计算机联锁系统调试测试 | 运行控制系统 | 参建四方验收 |
| | | 各系统安装完毕达到联调联试条件 | 各系统安装质量及联调联试 | 参建四方验收 |

## 附表 3 关键工序质量验收记录

表 D. 0. 2-1　　　　　　　　　　　　　　　　　　　　　　　　　　编号：

<table>
<tr><td colspan="2">单位工程名称</td><td colspan="4"></td></tr>
<tr><td colspan="2">验收日期</td><td colspan="4">年　月　日</td></tr>
<tr><td>序　号</td><td>分部工程名称</td><td>关键工序名称</td><td>验收范围(桩号)</td><td>检查项目名称</td><td>检查情况</td></tr>
<tr><td rowspan="4">1</td><td rowspan="4"></td><td rowspan="4"></td><td rowspan="4"></td><td></td><td></td></tr>
<tr><td></td><td></td></tr>
<tr><td></td><td></td></tr>
<tr><td></td><td></td></tr>
<tr><td rowspan="4">2</td><td rowspan="4"></td><td rowspan="4"></td><td rowspan="4"></td><td></td><td></td></tr>
<tr><td></td><td></td></tr>
<tr><td></td><td></td></tr>
<tr><td></td><td></td></tr>
<tr><td rowspan="2">质量验收意见</td><td colspan="3">施工单位自检意见：<br>(项目公章)<br>项目技术负责人：<br>项目经理：　　年　月　日</td><td colspan="2">监理单位意见：<br>(项目公章)<br>总监理工程师：<br>年　月　日</td></tr>
<tr><td colspan="3">设计单位意见：<br>(项目公章)<br>设计负责人：<br>年　月　日</td><td colspan="2">建设单位意见：<br>(项目公章)<br>项目负责人：<br>年　月　日</td></tr>
</table>

## 附表 4 关键工序质量验收汇总记录

表 D. 0. 2-2 编号：

| 单位工程名称 | | | | | | |
|---|---|---|---|---|---|---|
| 验收基本情况 | 关键工序共 项，组织验收 次，有验收记录 份。 | | | | | |
| 序 号 | 关键工序名称 | 验收日期 | 验收评定意见 | | | |
| | | | 施工 | 监理 | 设计 | 建设 |
| 1 | | | | | | |
| 2 | | | | | | |
| 3 | | | | | | |
| 4 | | | | | | |
| 5 | | | | | | |
| 6 | | | | | | |
| 7 | | | | | | |
| 8 | | | | | | |
| 监理检查意见 | 总监理工程师： 年 月 日（监理项目部章） | | | | | |

## 附表 5　无缝线路施工条件验收检查表

工程名称：________________　　施工单位：________________

关键工序验收范围：________________　　日期：________________

| 序　号 | 检查项目 | 施工自查情况 | 监理复查情况 |
| --- | --- | --- | --- |
| 1 | 钢轨的类型、规格、质量符合设计规定 | | |
| 2 | 落锤试验，建设、监理、施工、设计四方检查 | | |
| 3 | 钢轨焊接型式试验委托铁科院检测，并出具检测报告，满足TB/T 1632要求 | | |
| 4 | 人员、机械设备已进场到位，满足施工要求 | | |
| 5 | 施工现场分部、分项安全、技术交底已按要求完成 | | |
| 6 | 对本工程潜在的危险源进行了辨识与分析，编制完成有针对性、可操作性的应急预案 | | |
| 7 | 设计及规范规定的其他要求 | | |
| 结论意见：<br><br>总监理工程师：<br>日期： | | | |

## 附录 8　松江有轨电车示范线项目验收移交流程

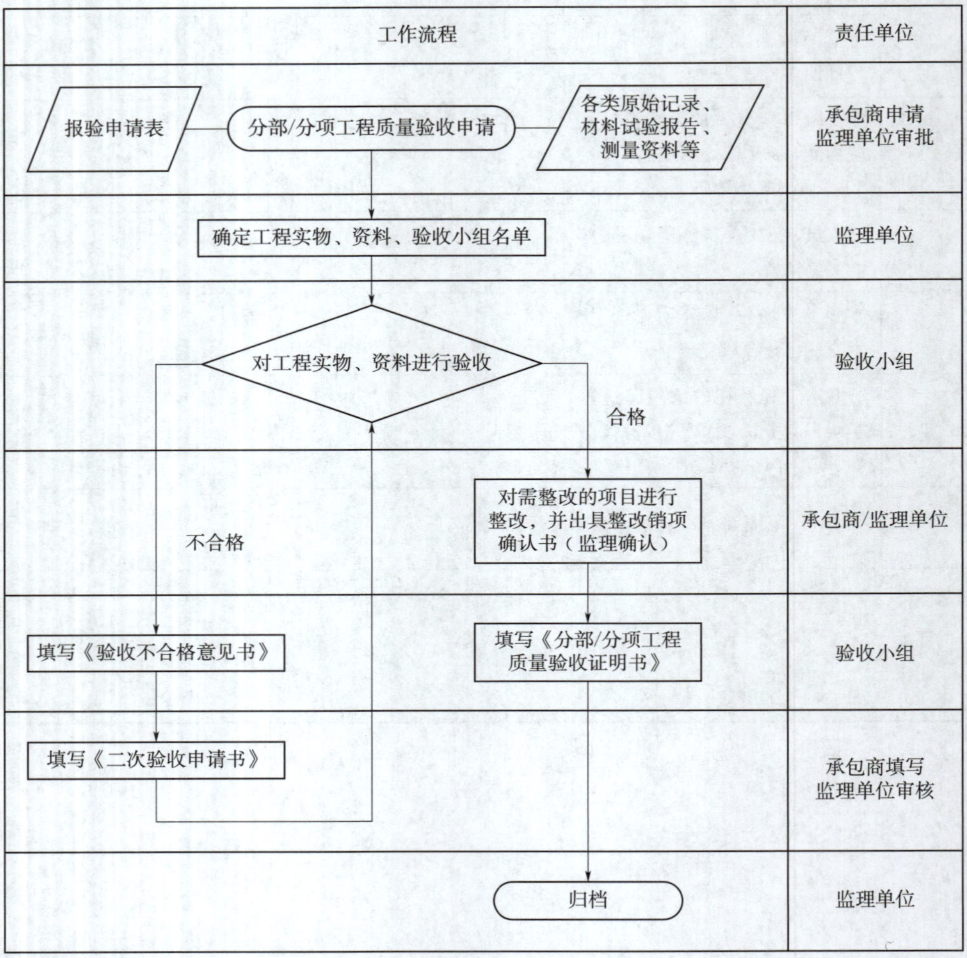


附图 1　分部分项工程验收流程

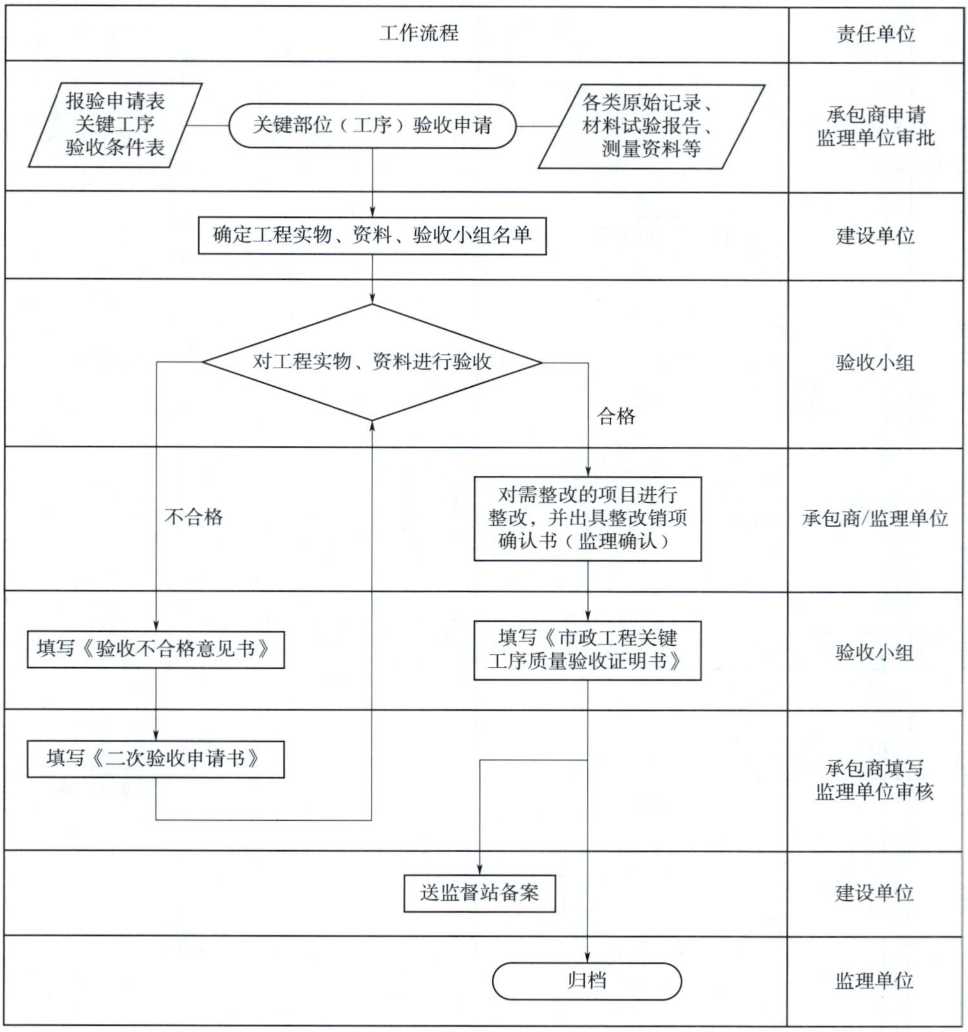


附图 2　关键部位（工序）验收流程

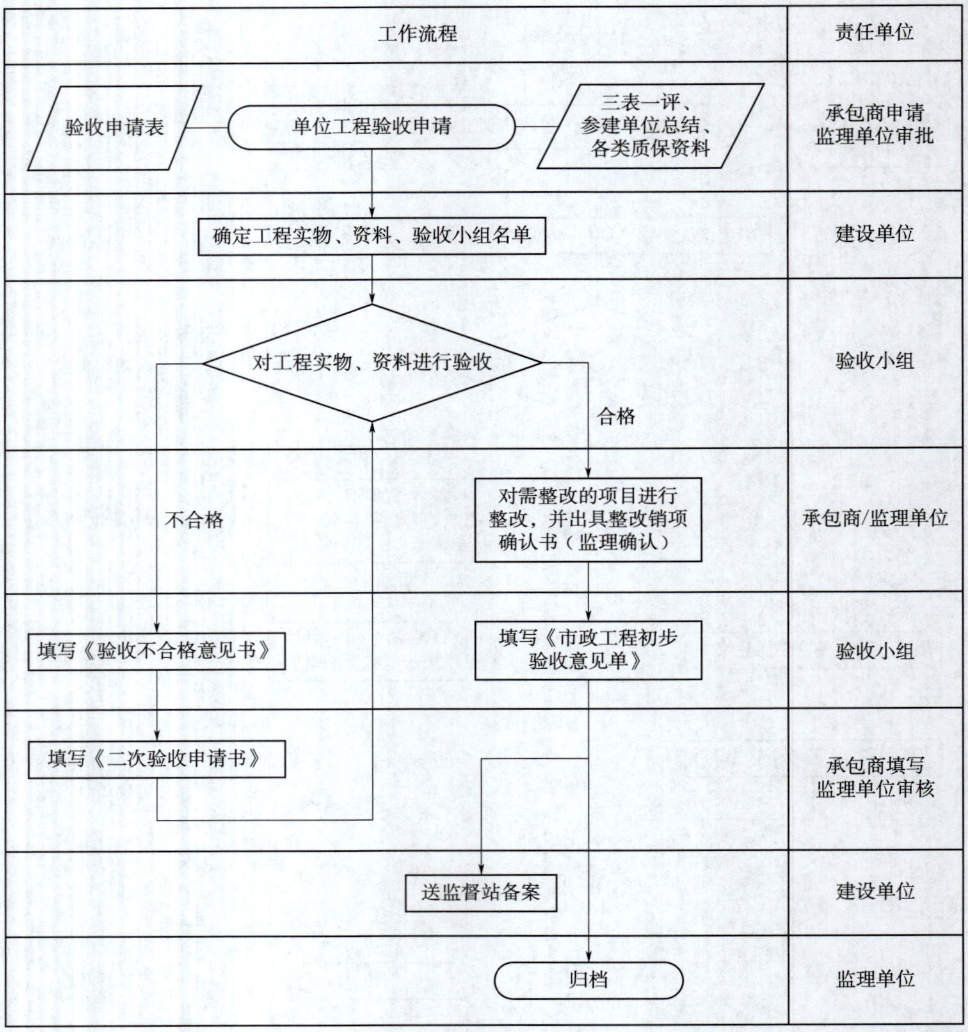


附图 3　单位工程验收流程

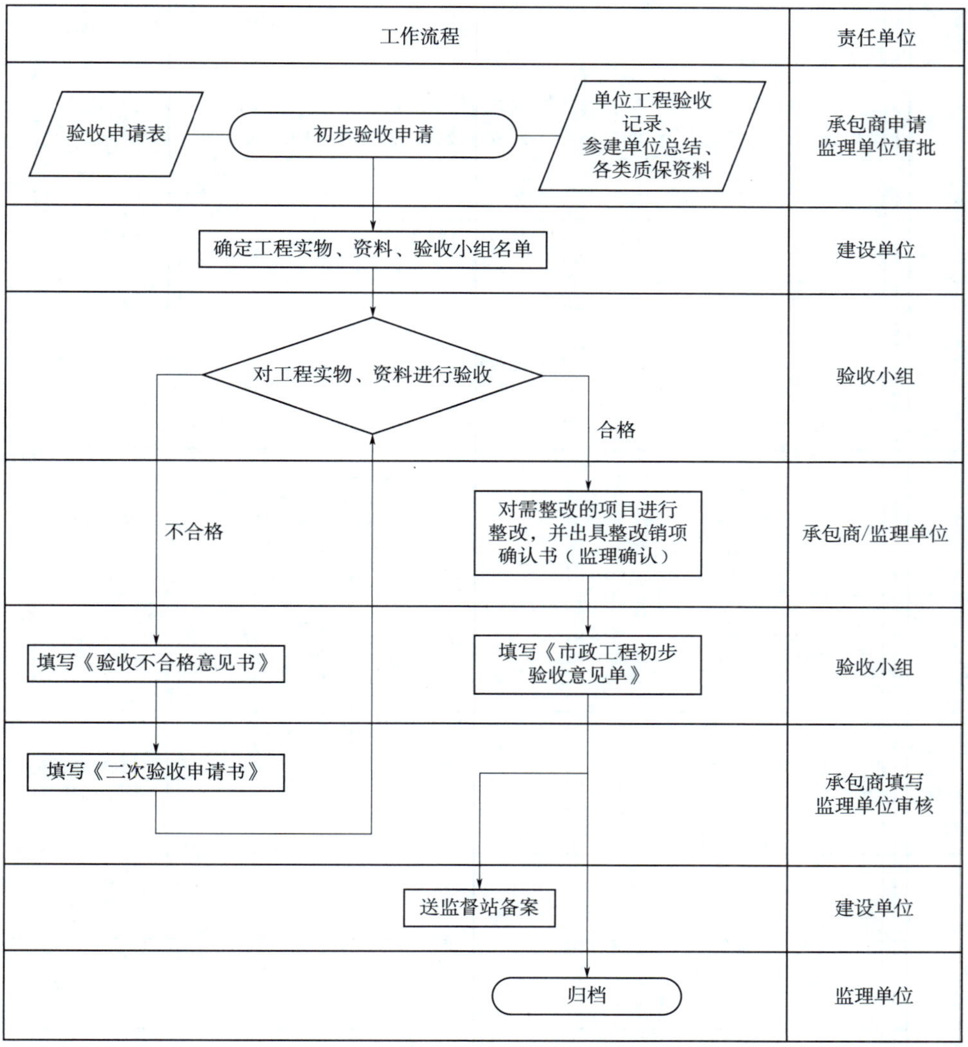
工作流程
责任单位
验收申请表
初步验收申请
单位工程验收记录、参建单位总结、各类质保资料
承包商申请
监理单位审批
确定工程实物、资料、验收小组名单
建设单位
对工程实物、资料进行验收
验收小组
合格
不合格
对需整改的项目进行整改，并出具整改销项确认书（监理确认）
承包商/监理单位
填写《验收不合格意见书》
填写《市政工程初步验收意见单》
验收小组
填写《二次验收申请书》
承包商填写
监理单位审核
送监督站备案
建设单位
归档
监理单位

附图 4　工程预验收流程

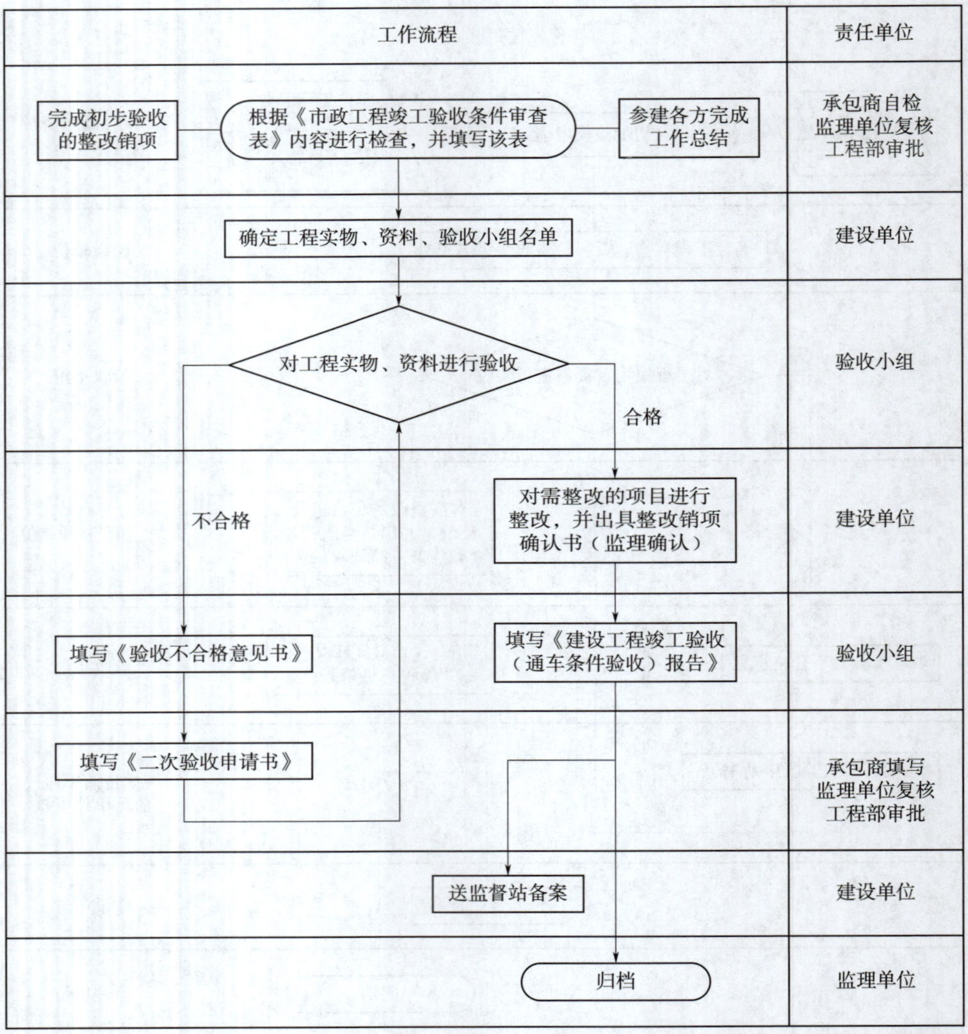


**附图 5　竣工(通车条件)验收流程**

| 工作流程 | 责任单位 |
| --- | --- |
| 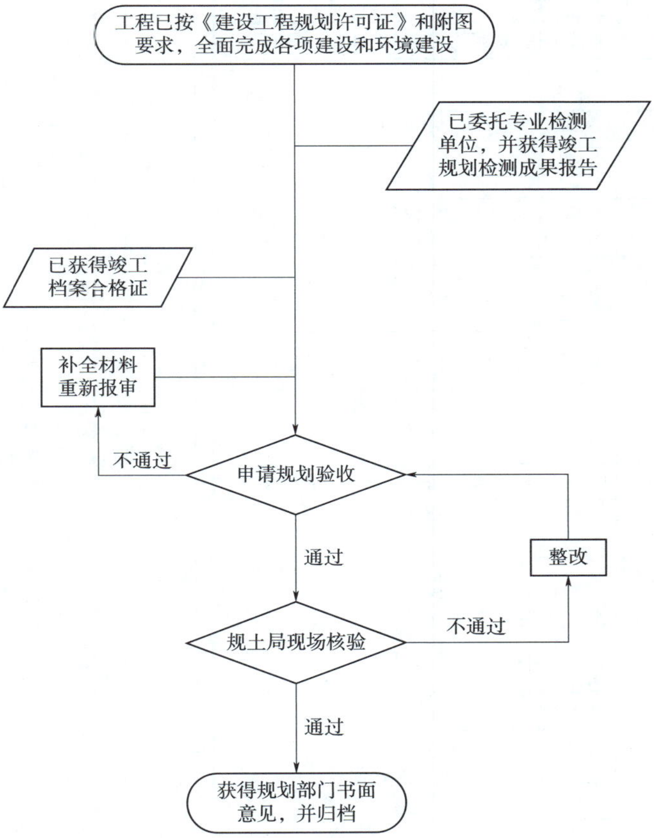 | 建设单位组织<br>设计、施工、监理参加 |

附图 6　规划验收流程

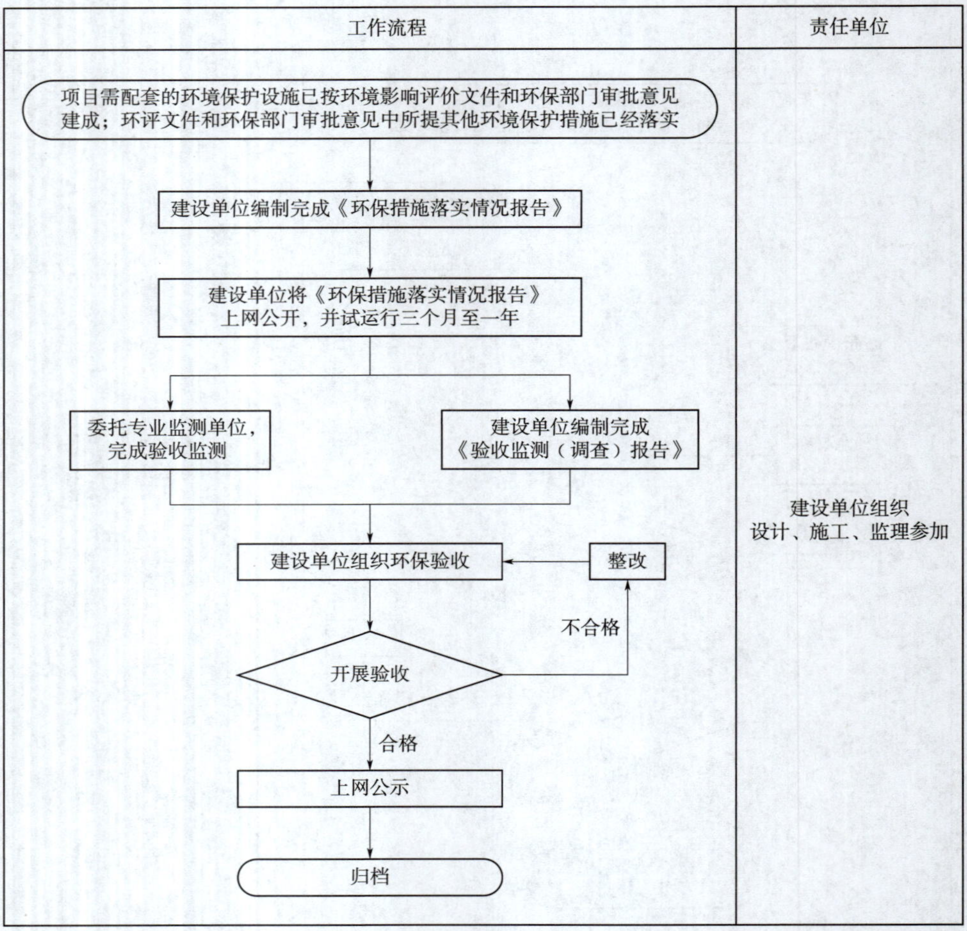
工作流程
责任单位
项目需配套的环境保护设施已按环境影响评价文件和环保部门审批意见建成；环评文件和环保部门审批意见中所提其他环境保护措施已经落实
建设单位编制完成《环保措施落实情况报告》
建设单位将《环保措施落实情况报告》上网公开，并试运行三个月至一年
委托专业监测单位，完成验收监测
建设单位编制完成《验收监测（调查）报告》
建设单位组织环保验收
整改
不合格
开展验收
合格
上网公示
归档
建设单位组织
设计、施工、监理参加

附图 7　环保验收流程

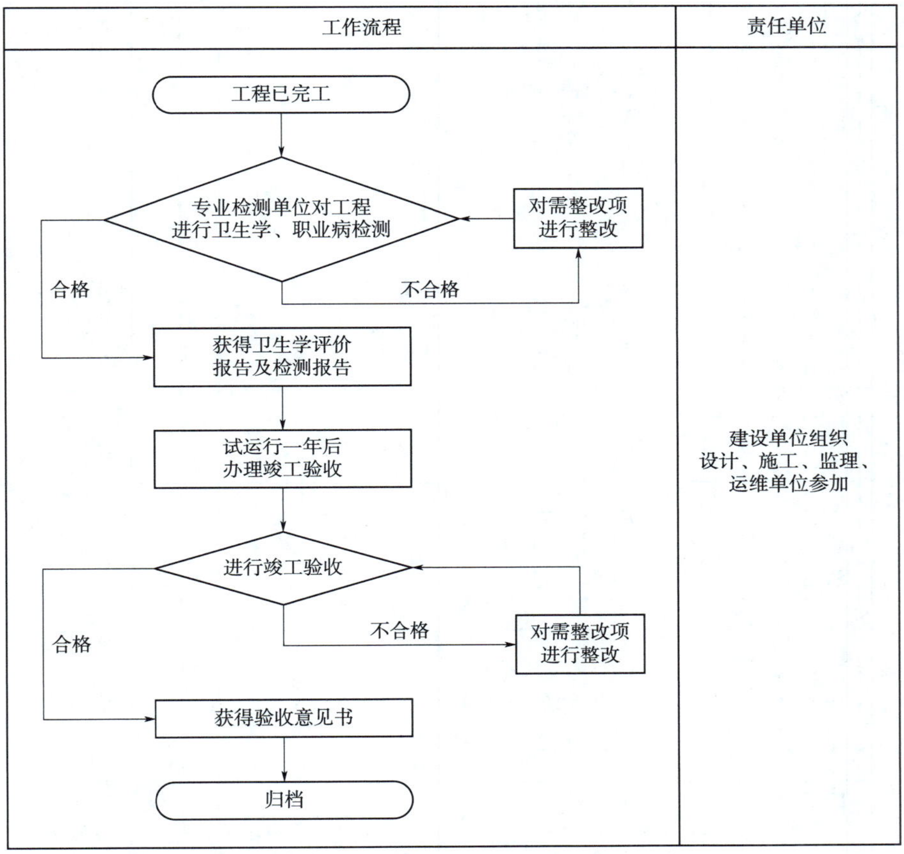
工作流程
责任单位
工程已完工
专业检测单位对工程
进行卫生学、职业病检测
对需整改项
进行整改
合格
不合格
获得卫生学评价
报告及检测报告
试运行一年后
办理竣工验收
进行竣工验收
不合格
对需整改项
进行整改
合格
获得验收意见书
归档
建设单位组织
设计、施工、监理、
运维单位参加

附图 8　卫生验收流程

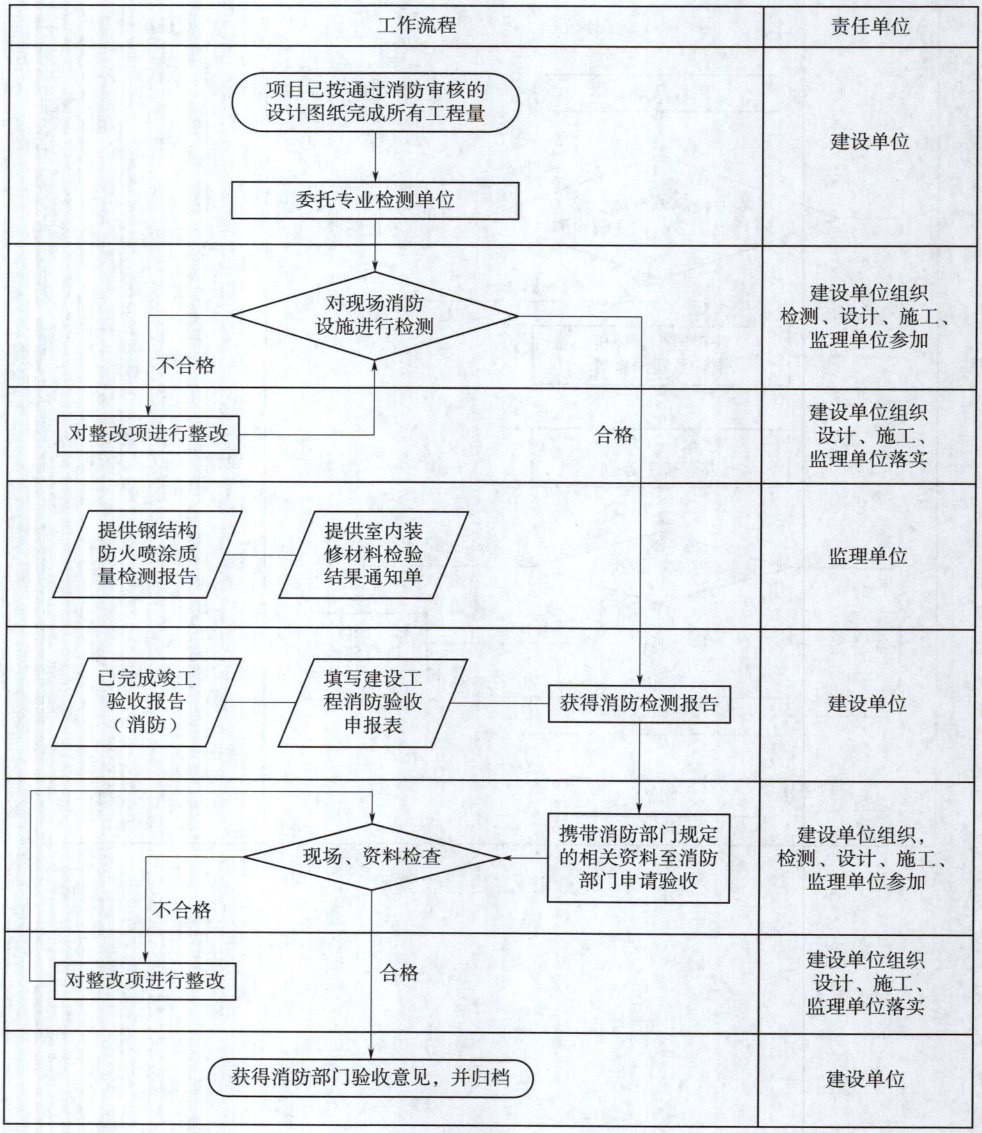
工作流程
责任单位
项目已按通过消防审核的设计图纸完成所有工程量
委托专业检测单位
建设单位
对现场消防设施进行检测
不合格
建设单位组织检测、设计、施工、监理单位参加
对整改项进行整改
合格
建设单位组织设计、施工、监理单位落实
提供钢结构防火喷涂质量检测报告
提供室内装修材料检验结果通知单
监理单位
已完成竣工验收报告（消防）
填写建设工程消防验收申报表
获得消防检测报告
建设单位
现场、资料检查
携带消防部门规定的相关资料至消防部门申请验收
不合格
建设单位组织，检测、设计、施工、监理单位参加
对整改项进行整改
合格
建设单位组织设计、施工、监理单位落实
获得消防部门验收意见，并归档
建设单位

**附图 9　消防验收流程**

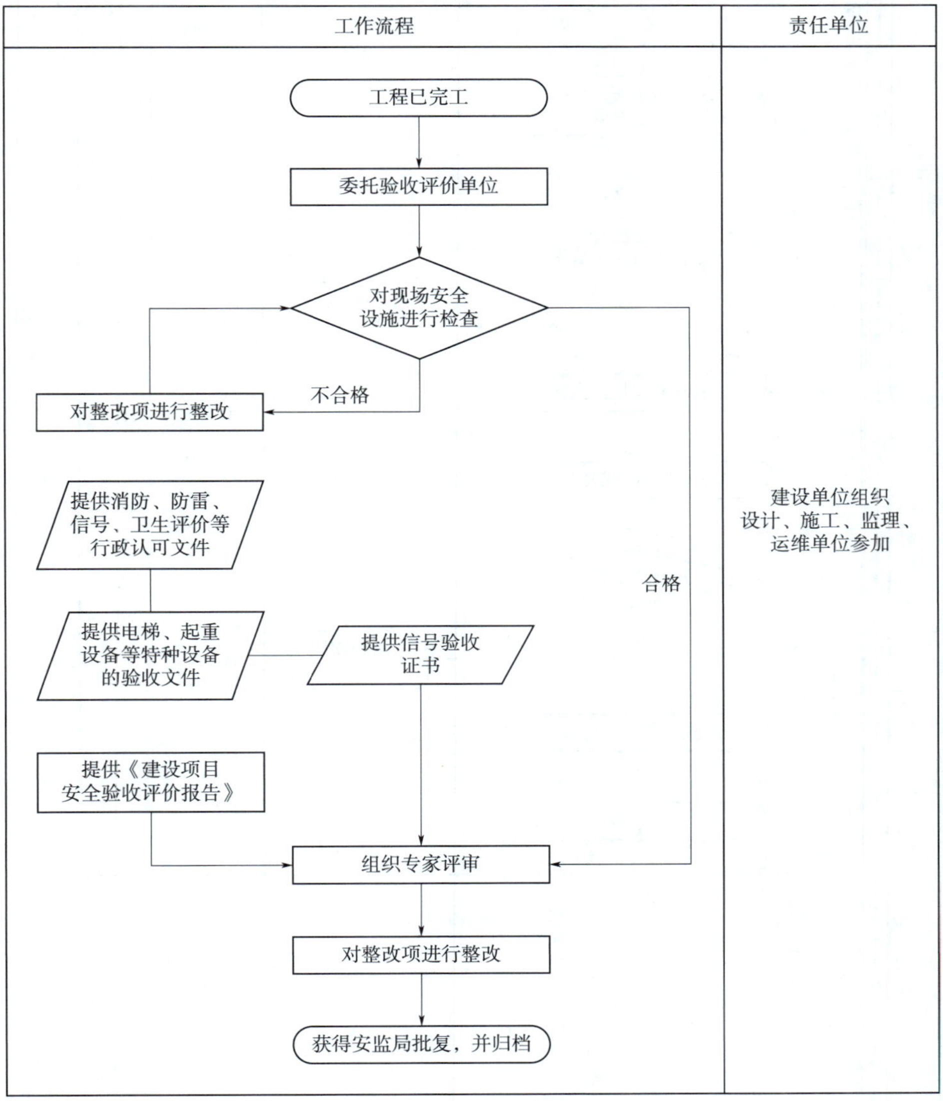
工作流程
责任单位
工程已完工
委托验收评价单位
对现场安全设施进行检查
不合格
对整改项进行整改
合格
提供消防、防雷、信号、卫生评价等行政认可文件
提供电梯、起重设备等特种设备的验收文件
提供信号验收证书
提供《建设项目安全验收评价报告》
组织专家评审
对整改项进行整改
获得安监局批复，并归档
建设单位组织设计、施工、监理、运维单位参加

附图 10　安全验收流程

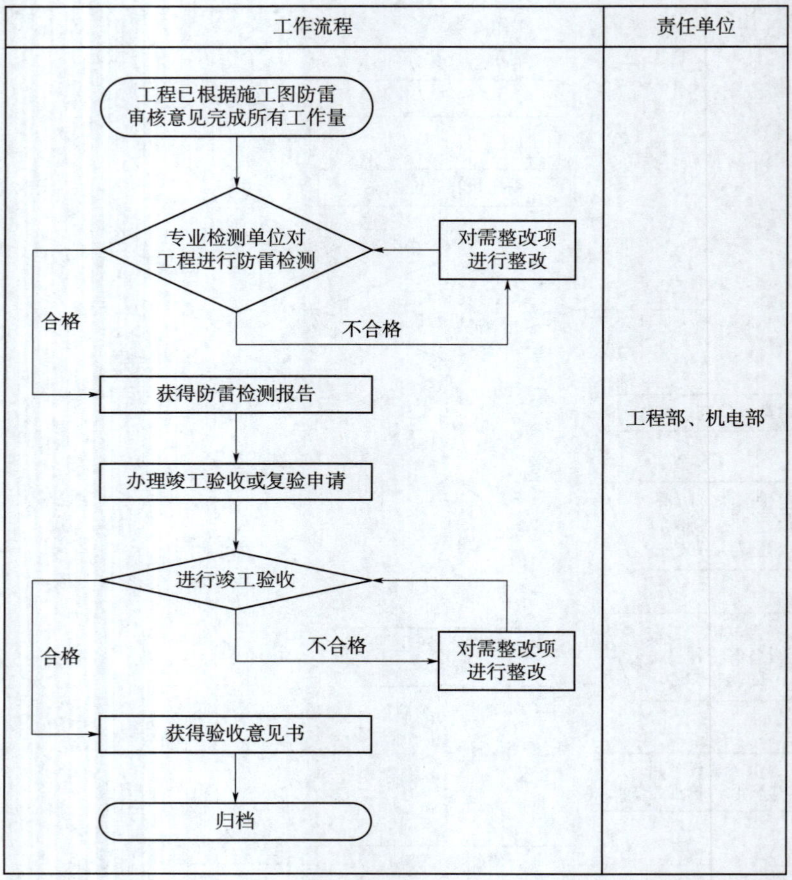
工作流程
责任单位
工程已根据施工图防雷审核意见完成所有工作量
专业检测单位对工程进行防雷检测
对需整改项进行整改
合格
不合格
获得防雷检测报告
办理竣工验收或复验申请
进行竣工验收
不合格
合格
对需整改项进行整改
获得验收意见书
归档
工程部、机电部

附图 11　防雷验收流程

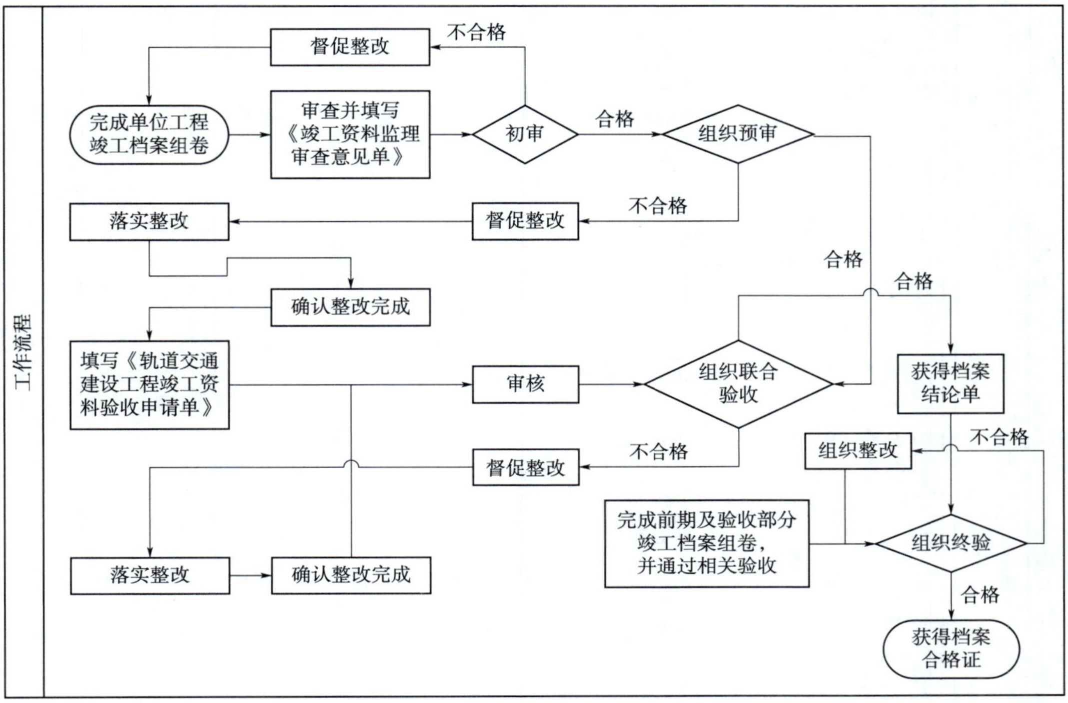
工作流程
督促整改
不合格
完成单位工程竣工档案组卷
审查并填写《竣工资料监理审查意见单》
初审
合格
组织预审
落实整改
督促整改
不合格
合格
合格
确认整改完成
填写《轨道交通建设工程竣工资料验收申请单》
审核
组织联合验收
获得档案结论单
不合格
督促整改
组织整改
不合格
完成前期及验收部分竣工档案组卷，并通过相关验收
组织终验
落实整改
确认整改完成
合格
获得档案合格证

附图 12　档案验收流程